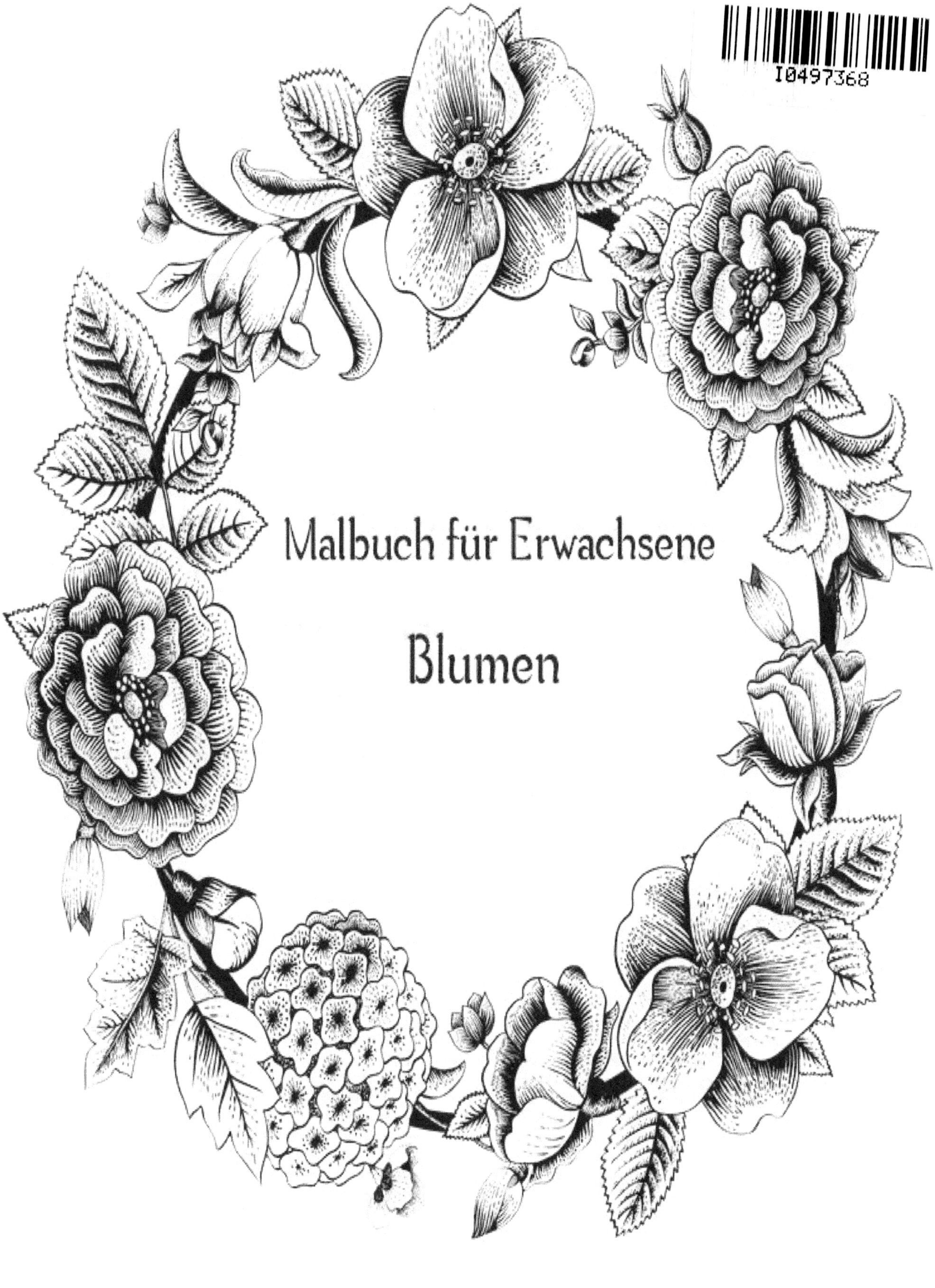

Malbuch für Erwachsene

Blumen

Dieses Buch gehört

....

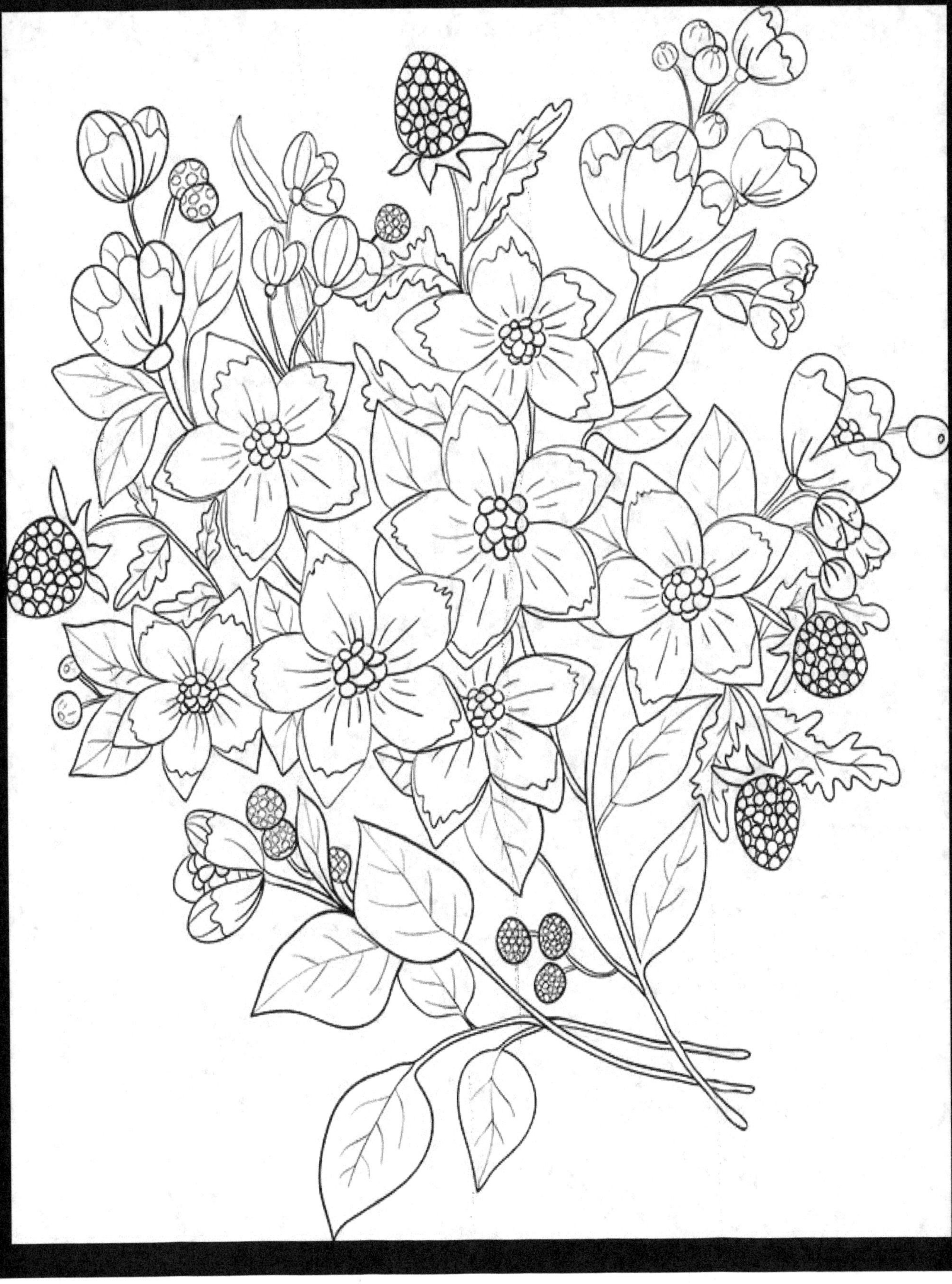

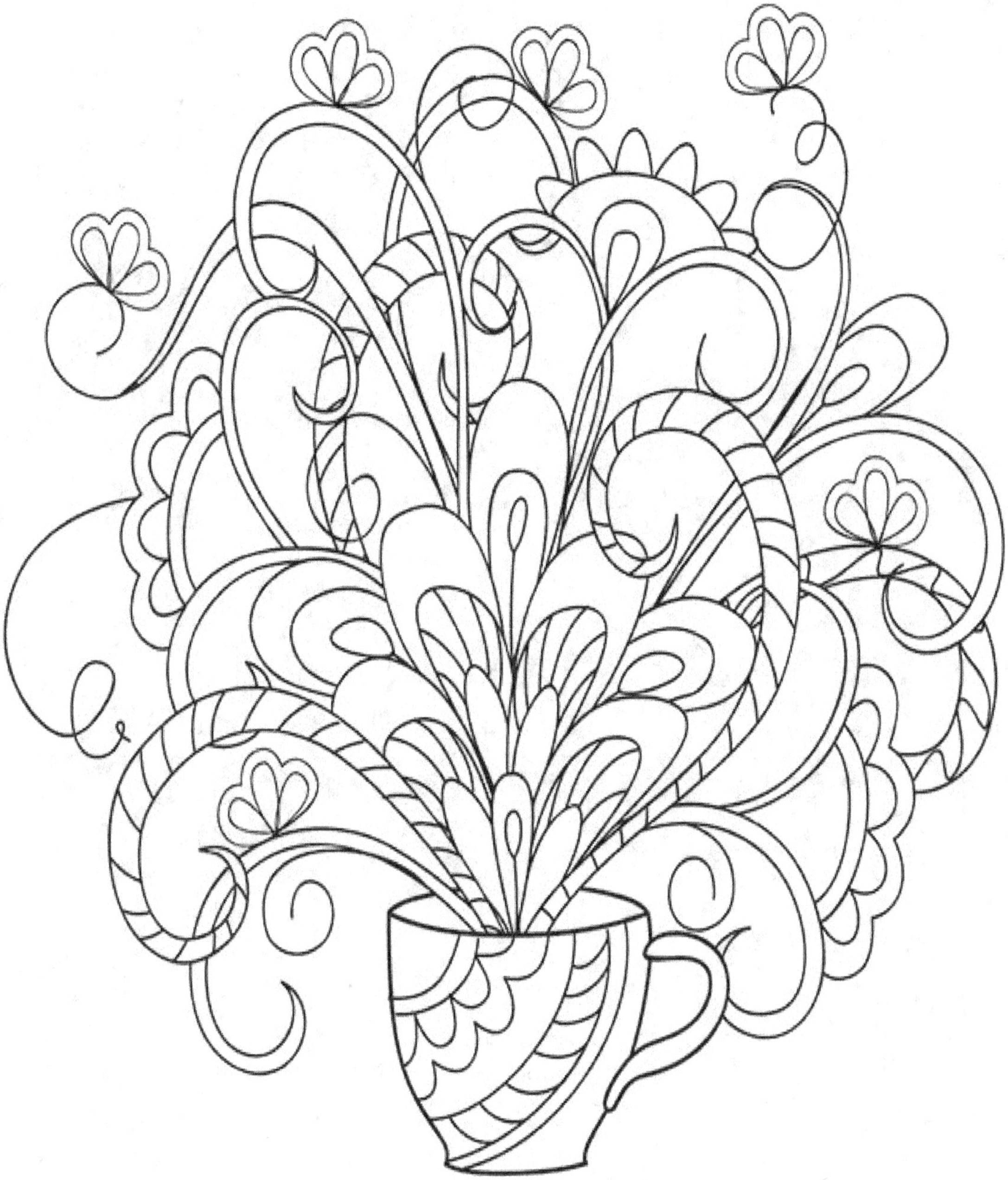

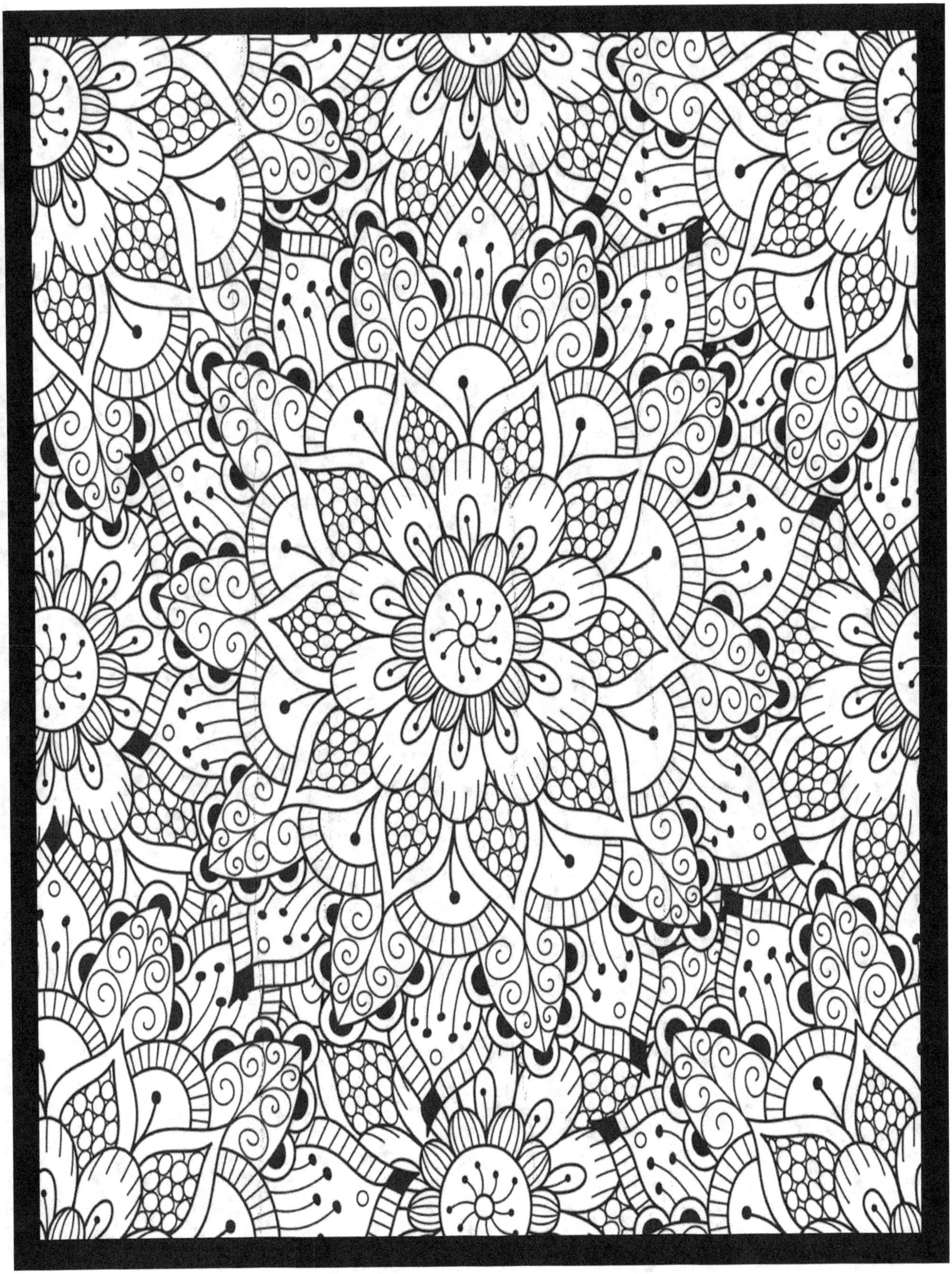

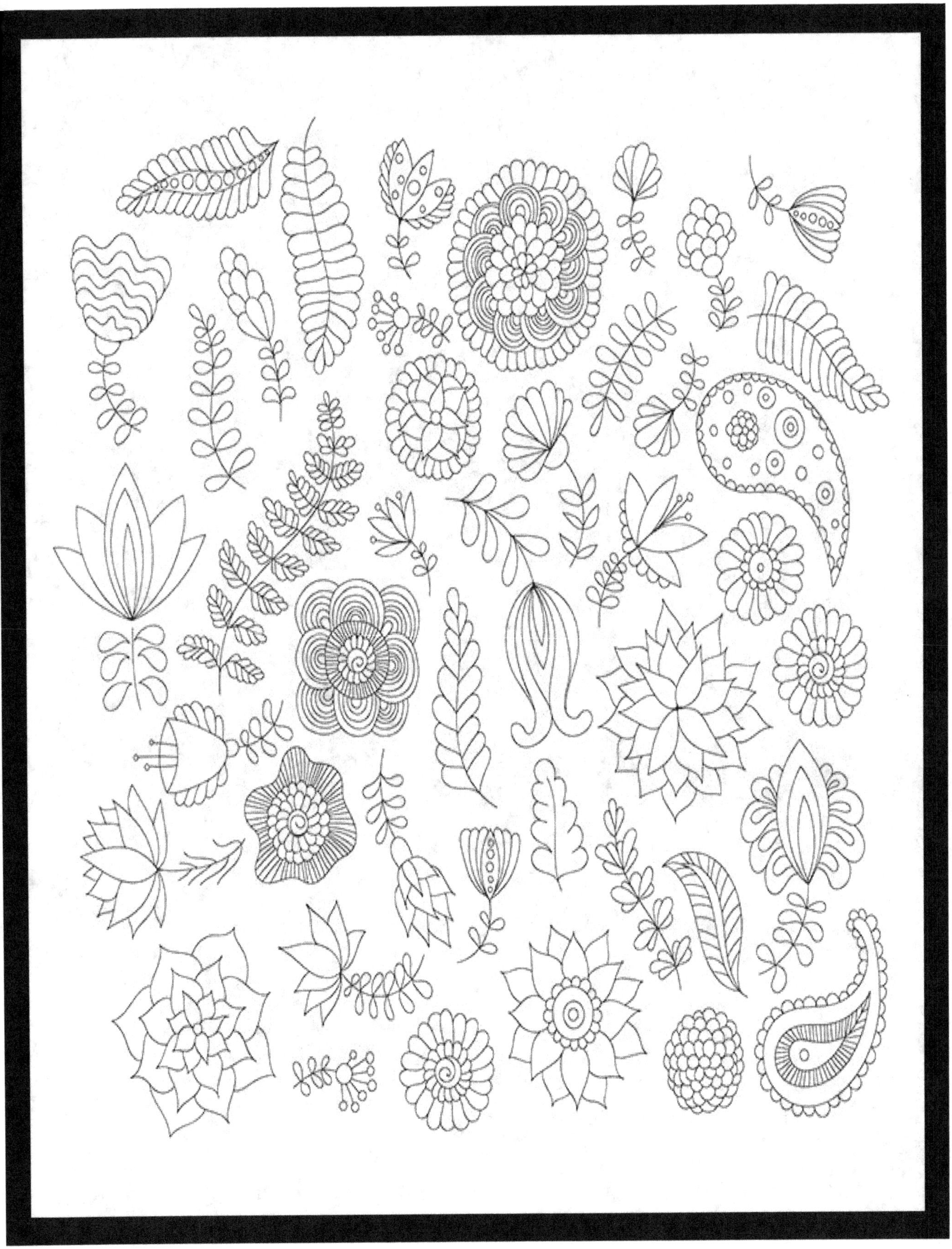

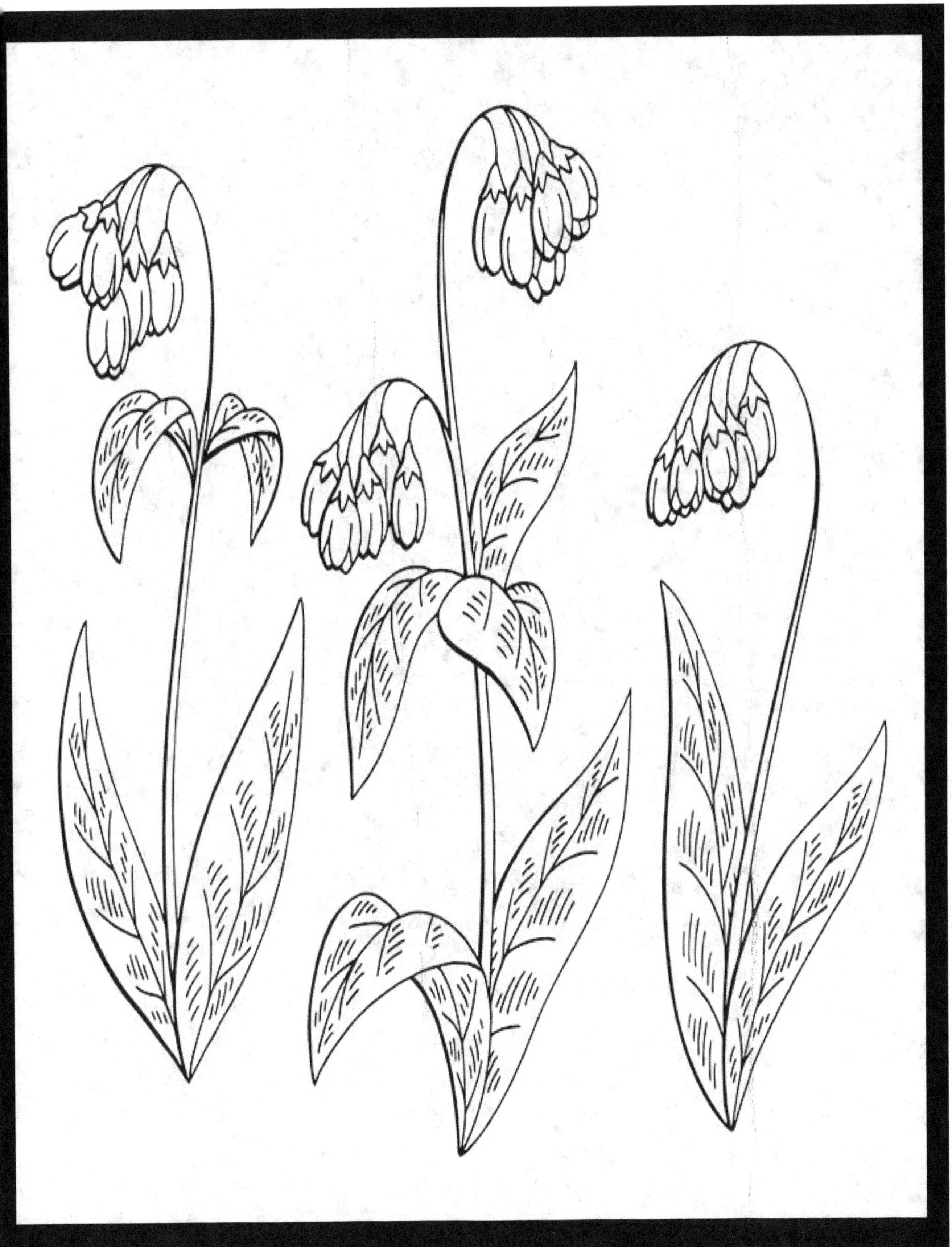

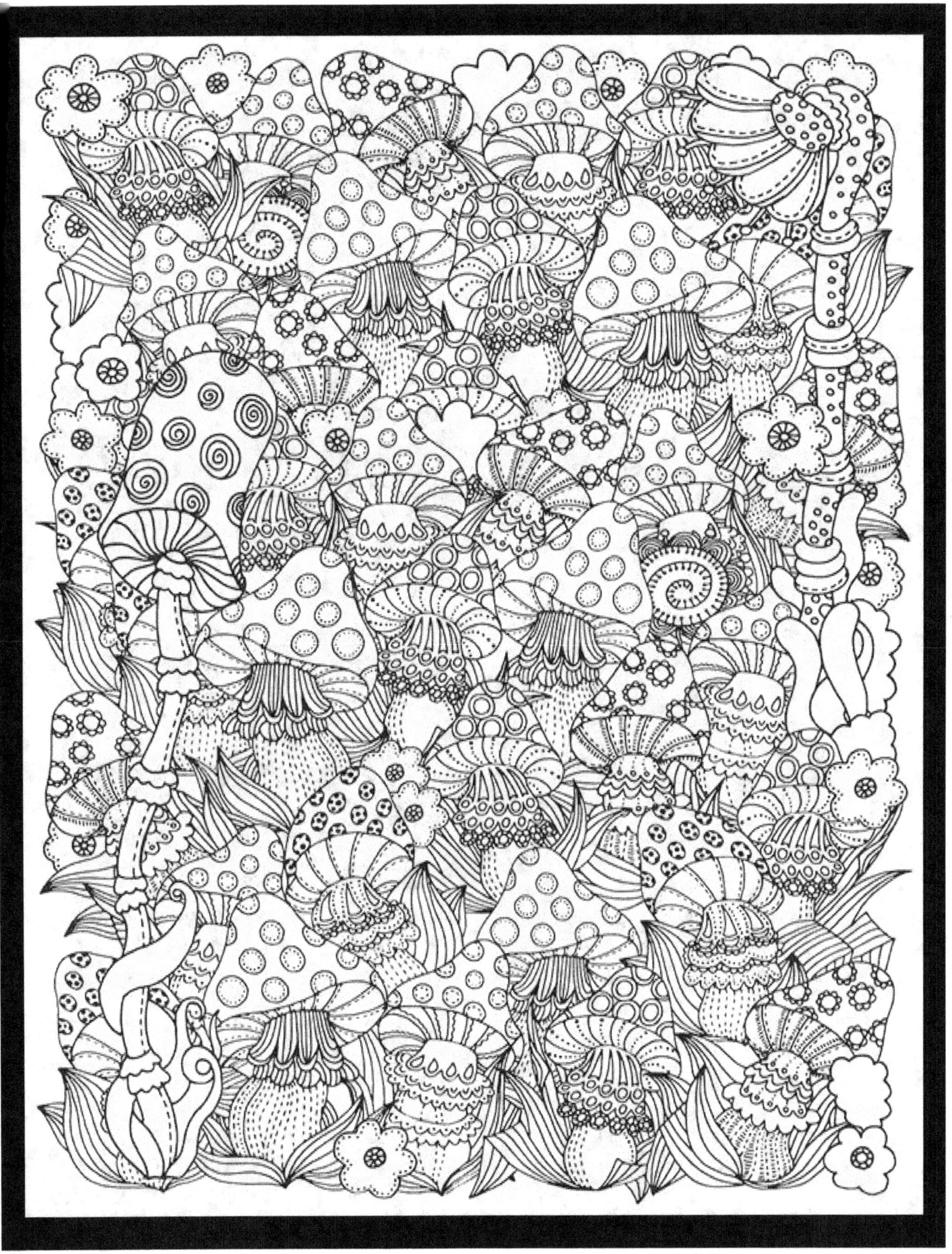

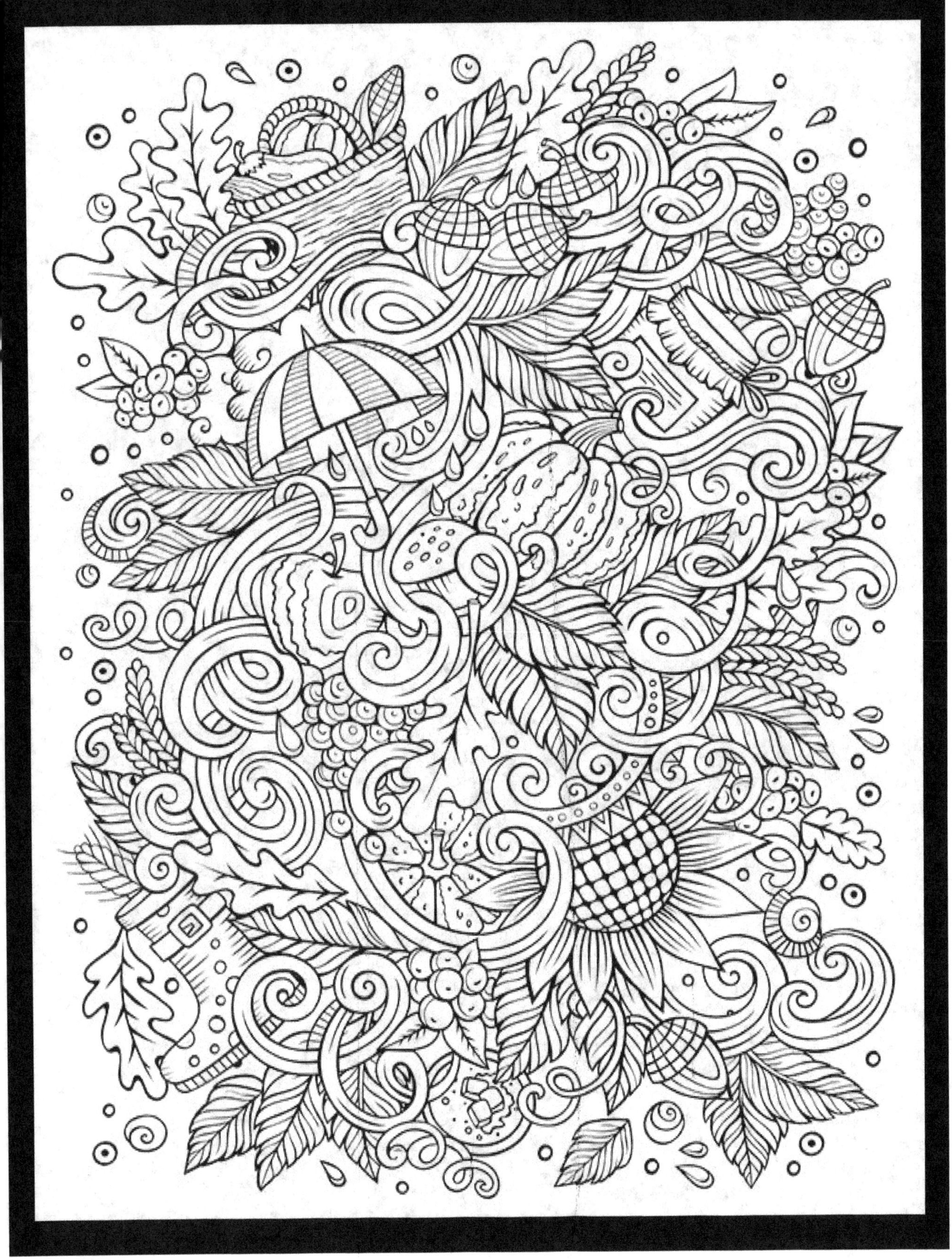

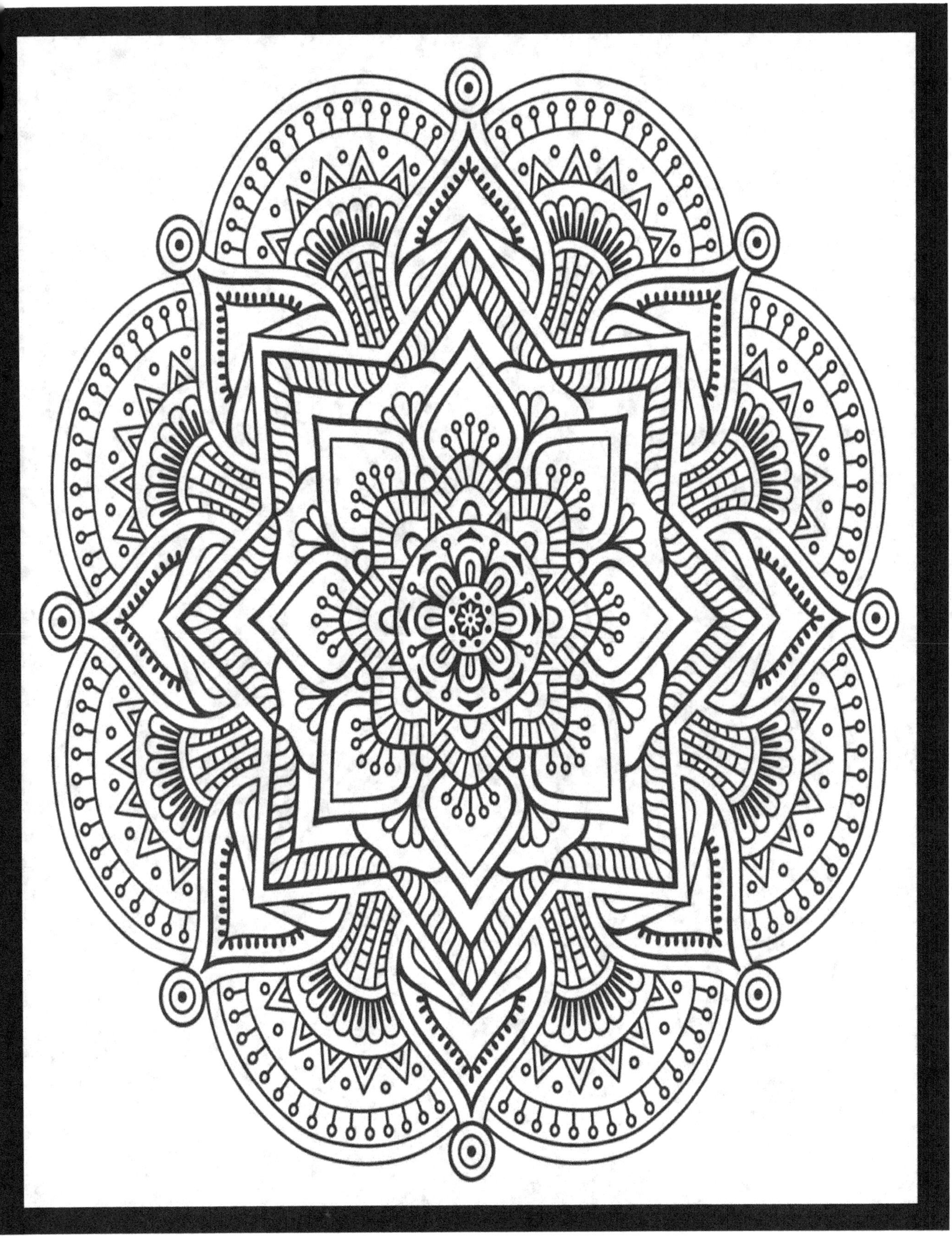

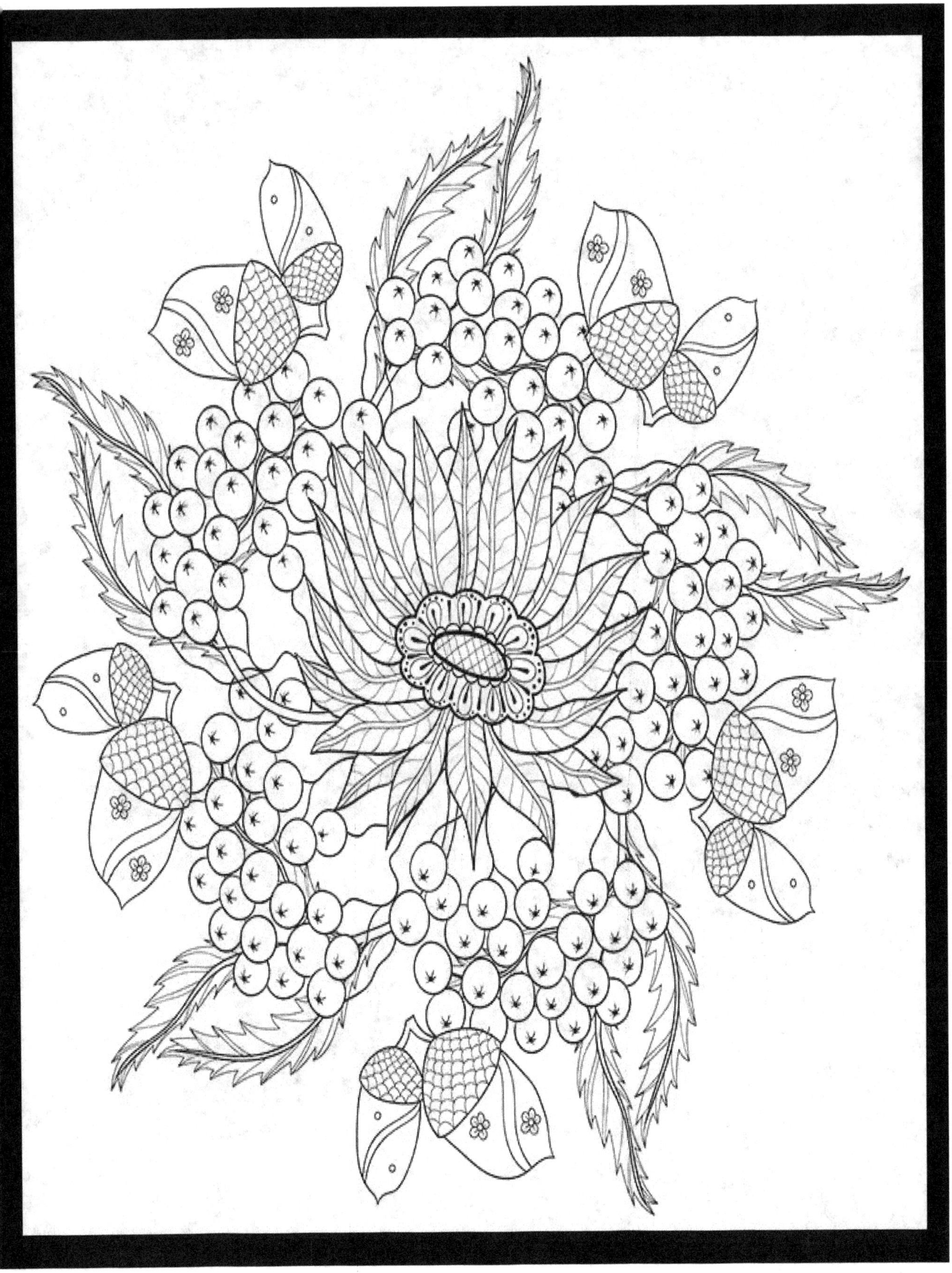

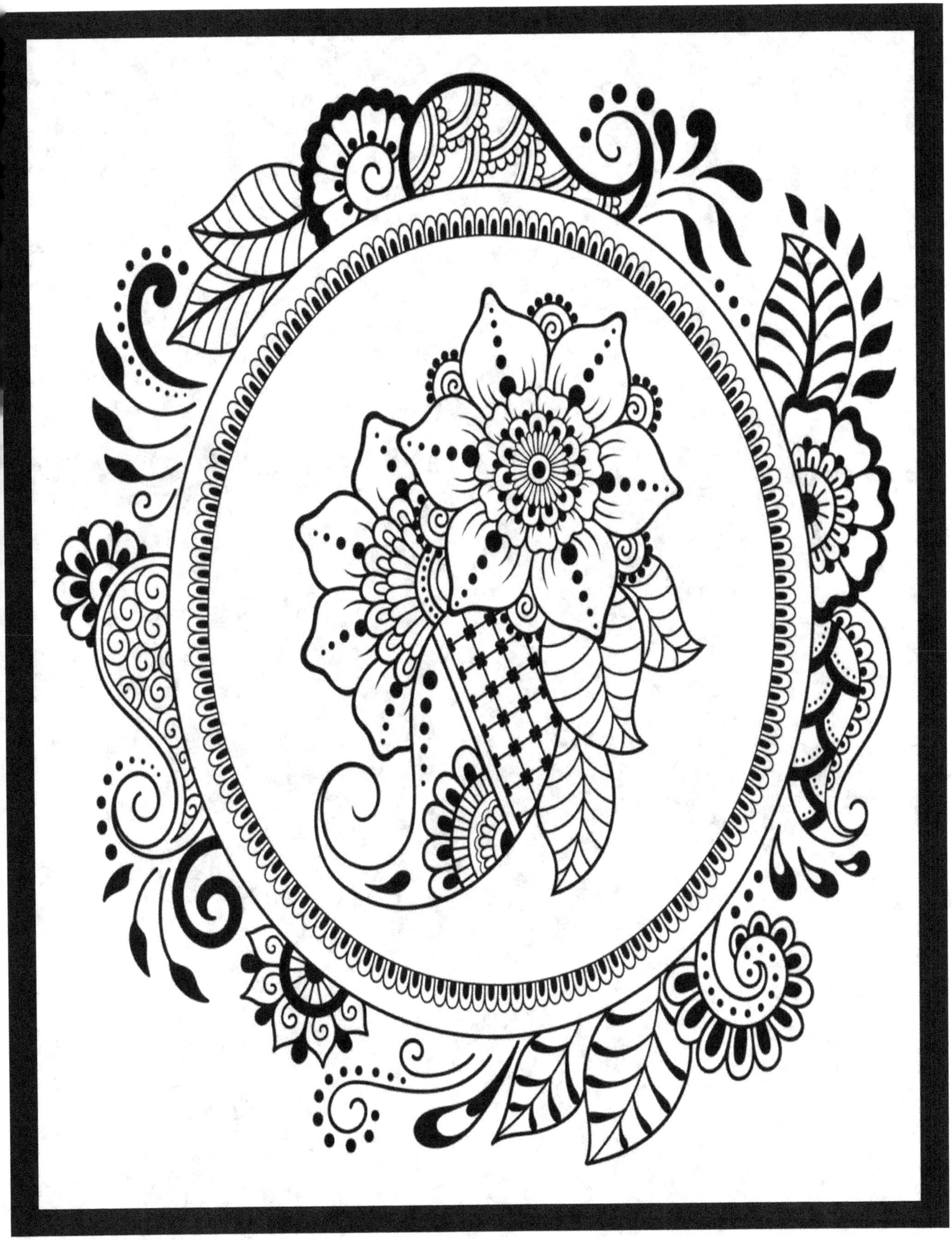

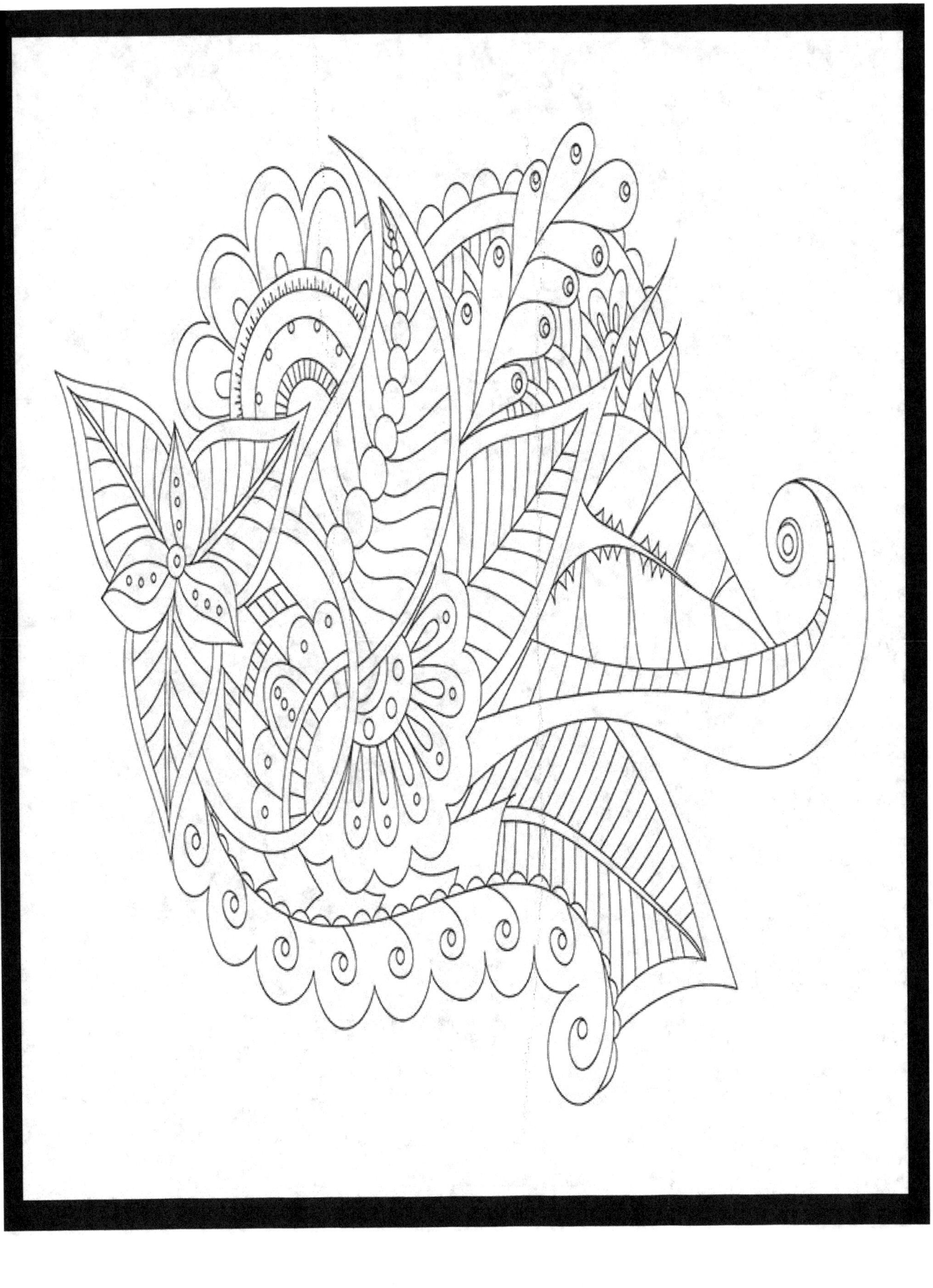

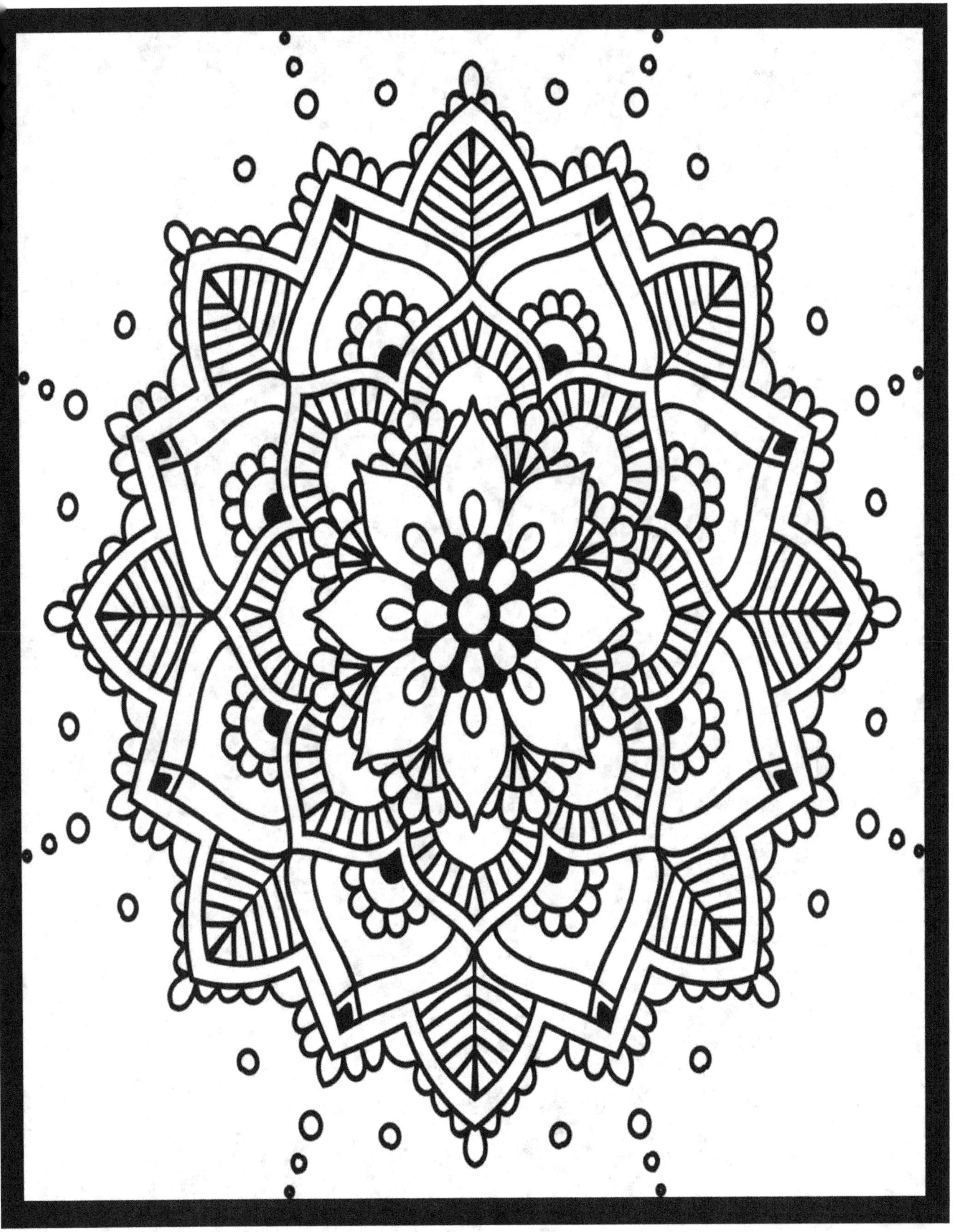

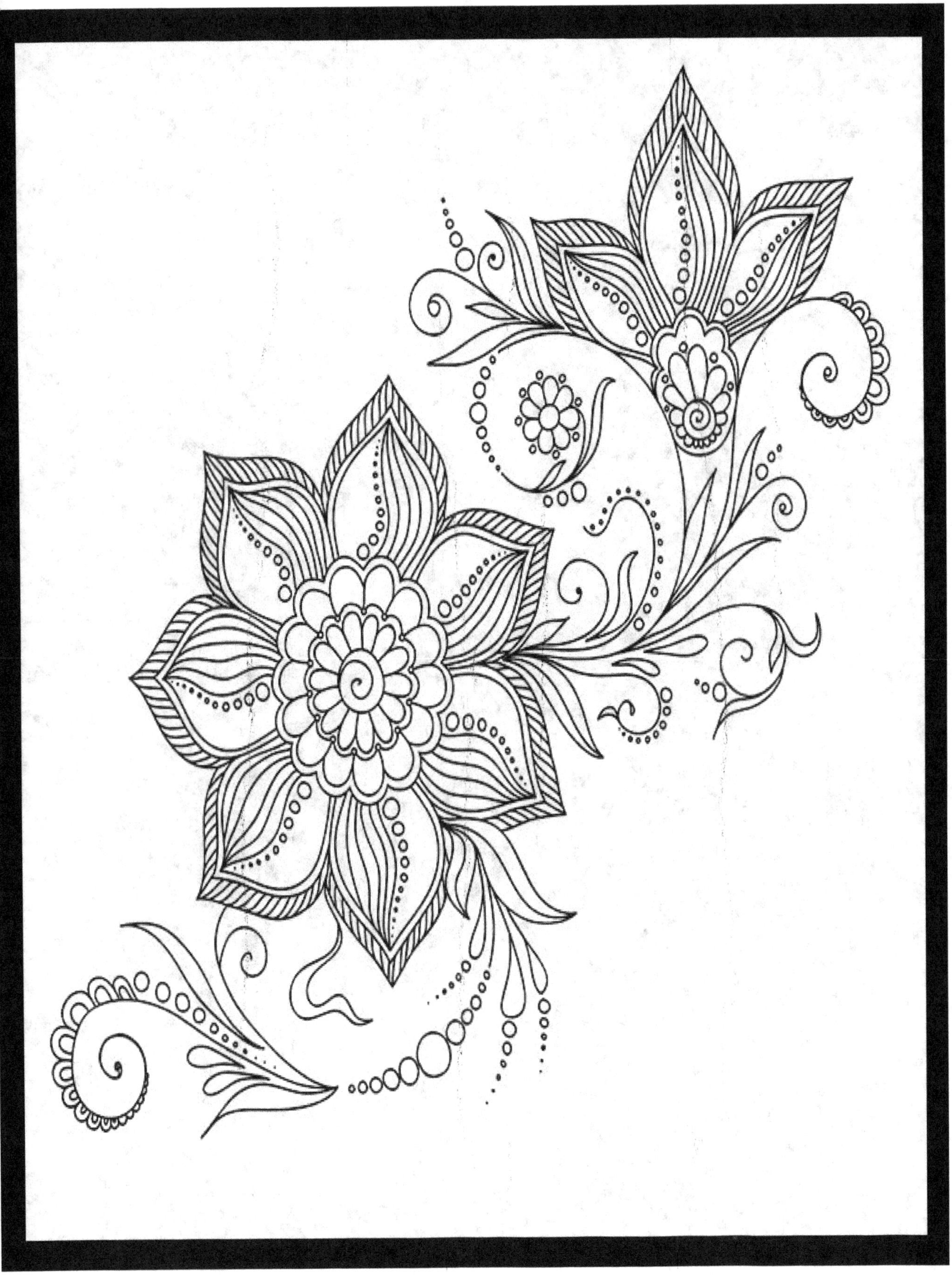

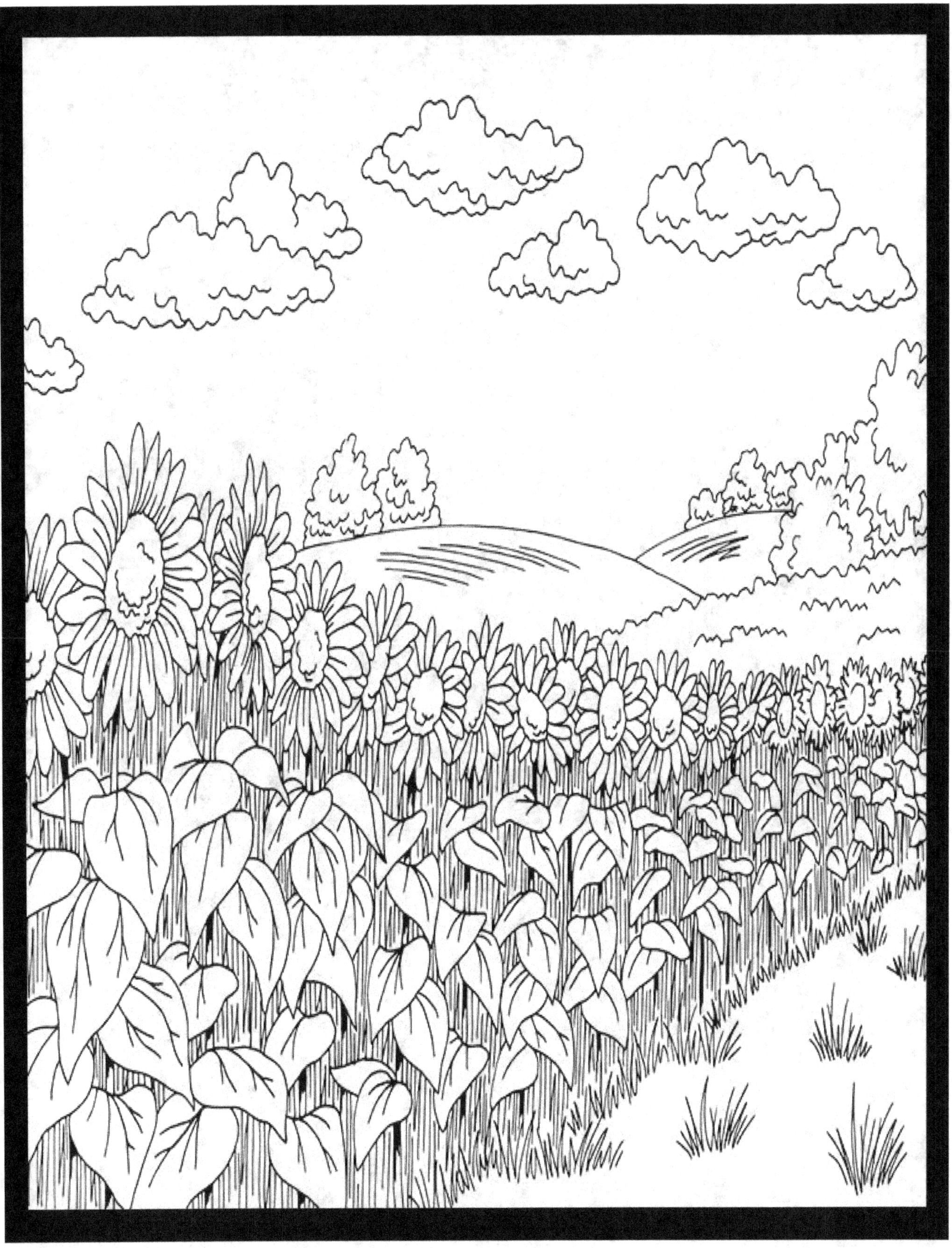

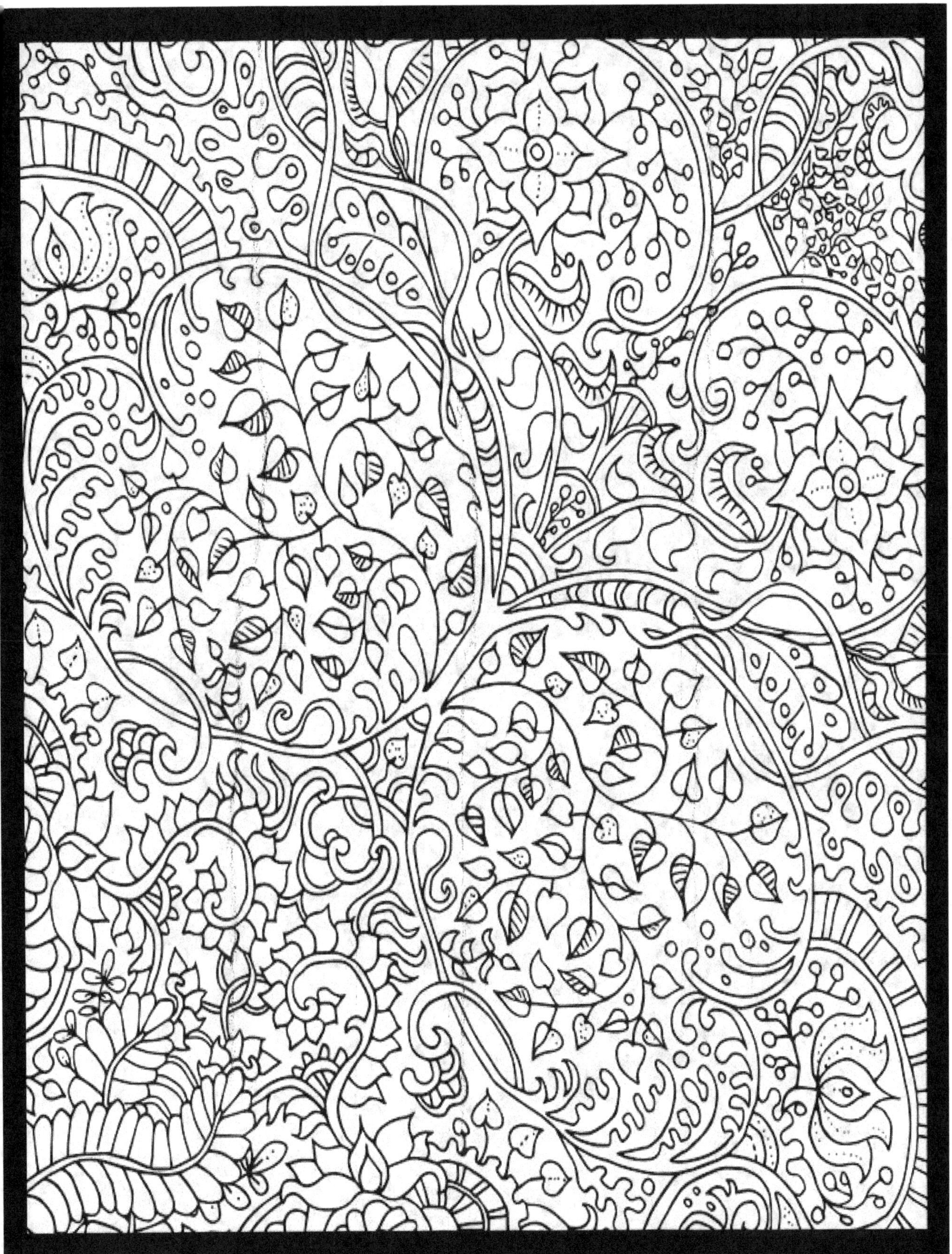

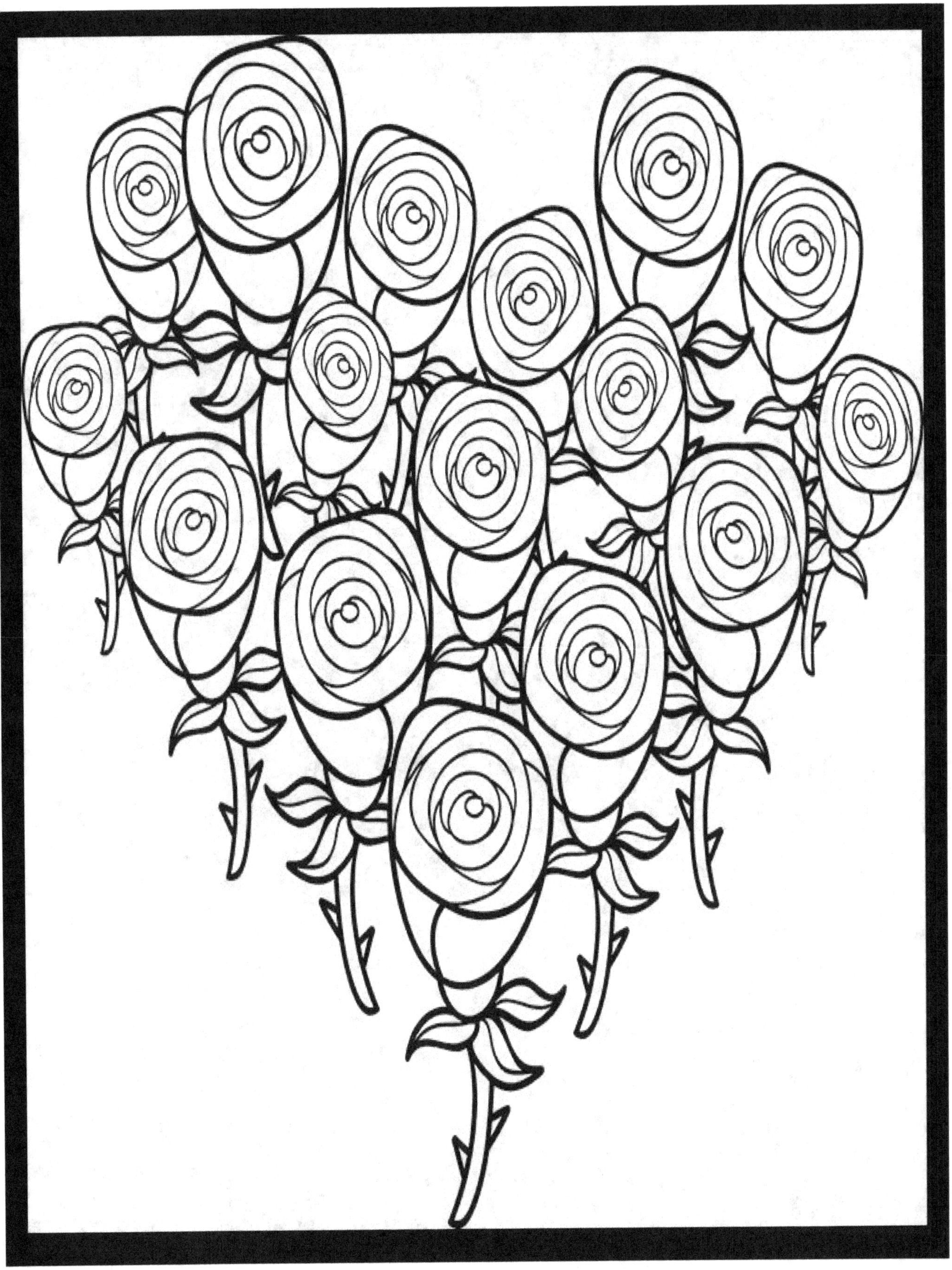

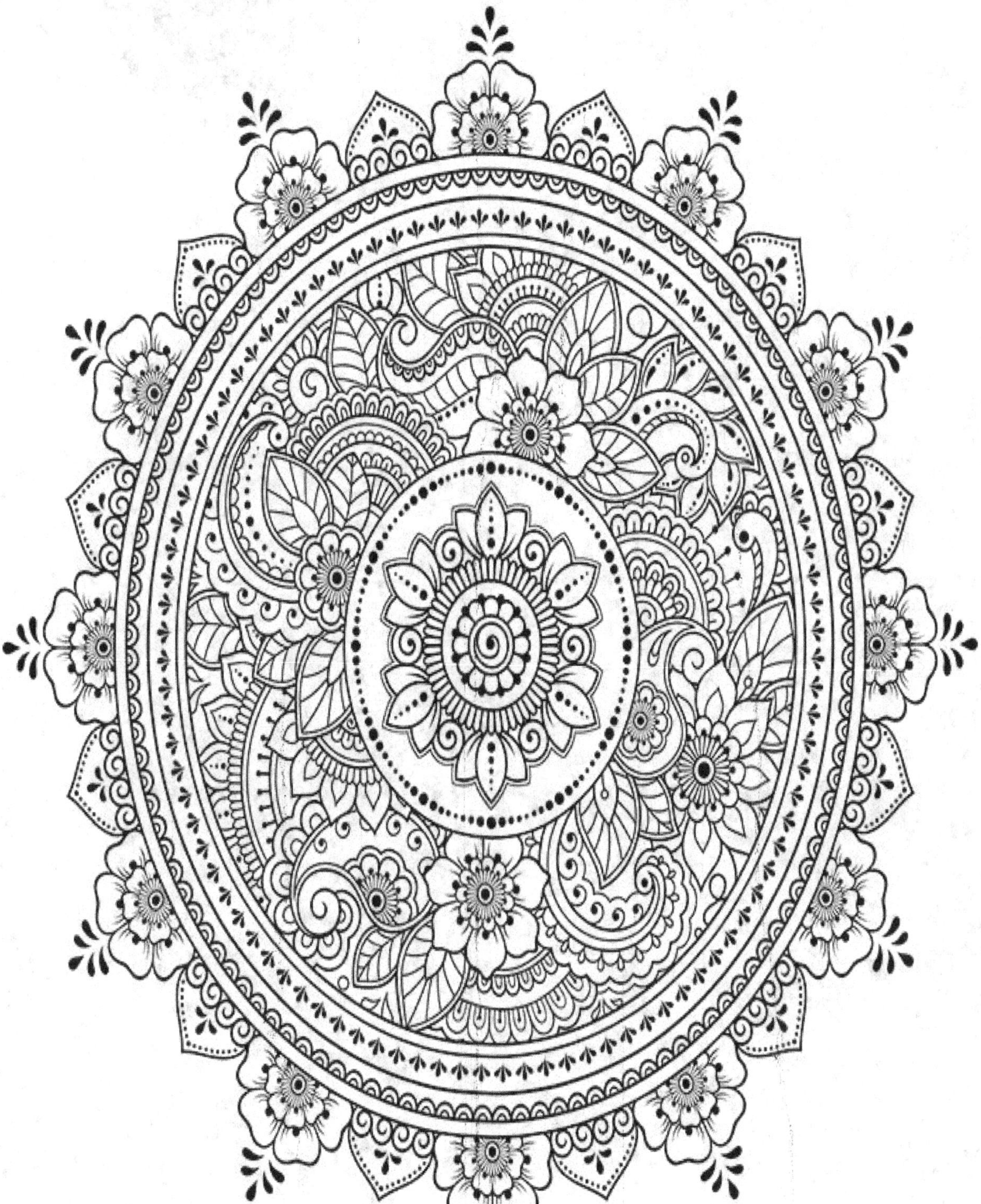

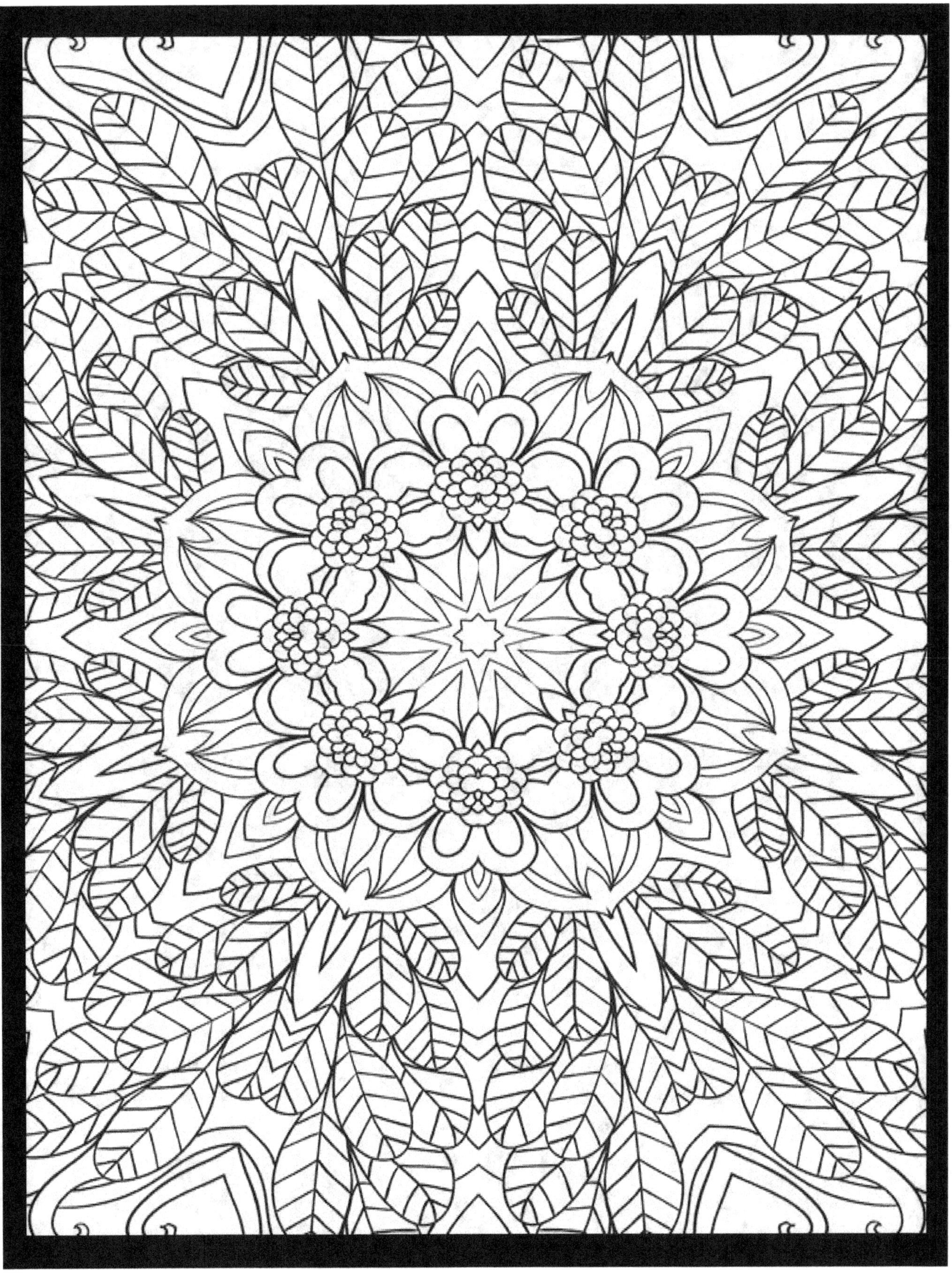

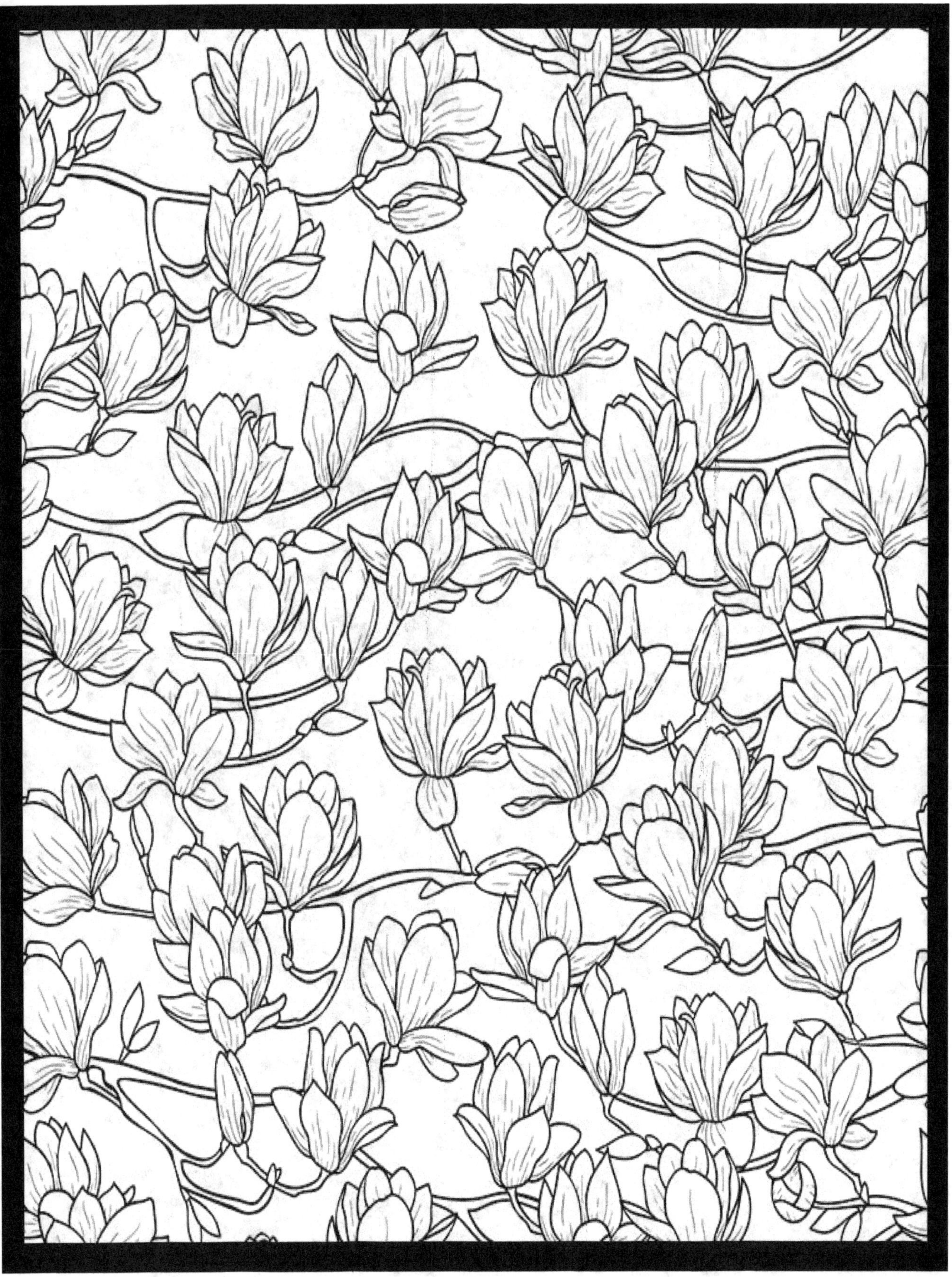

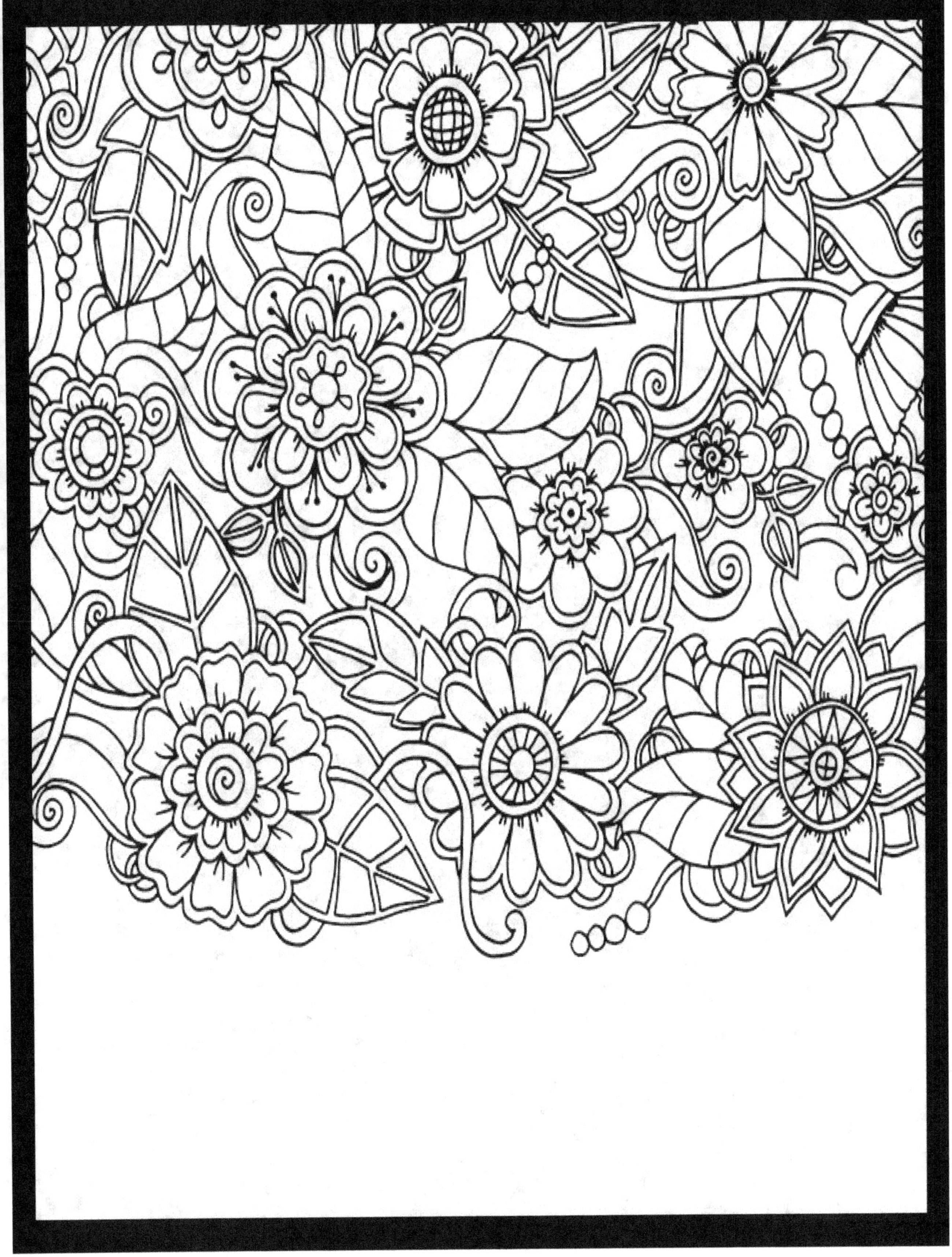

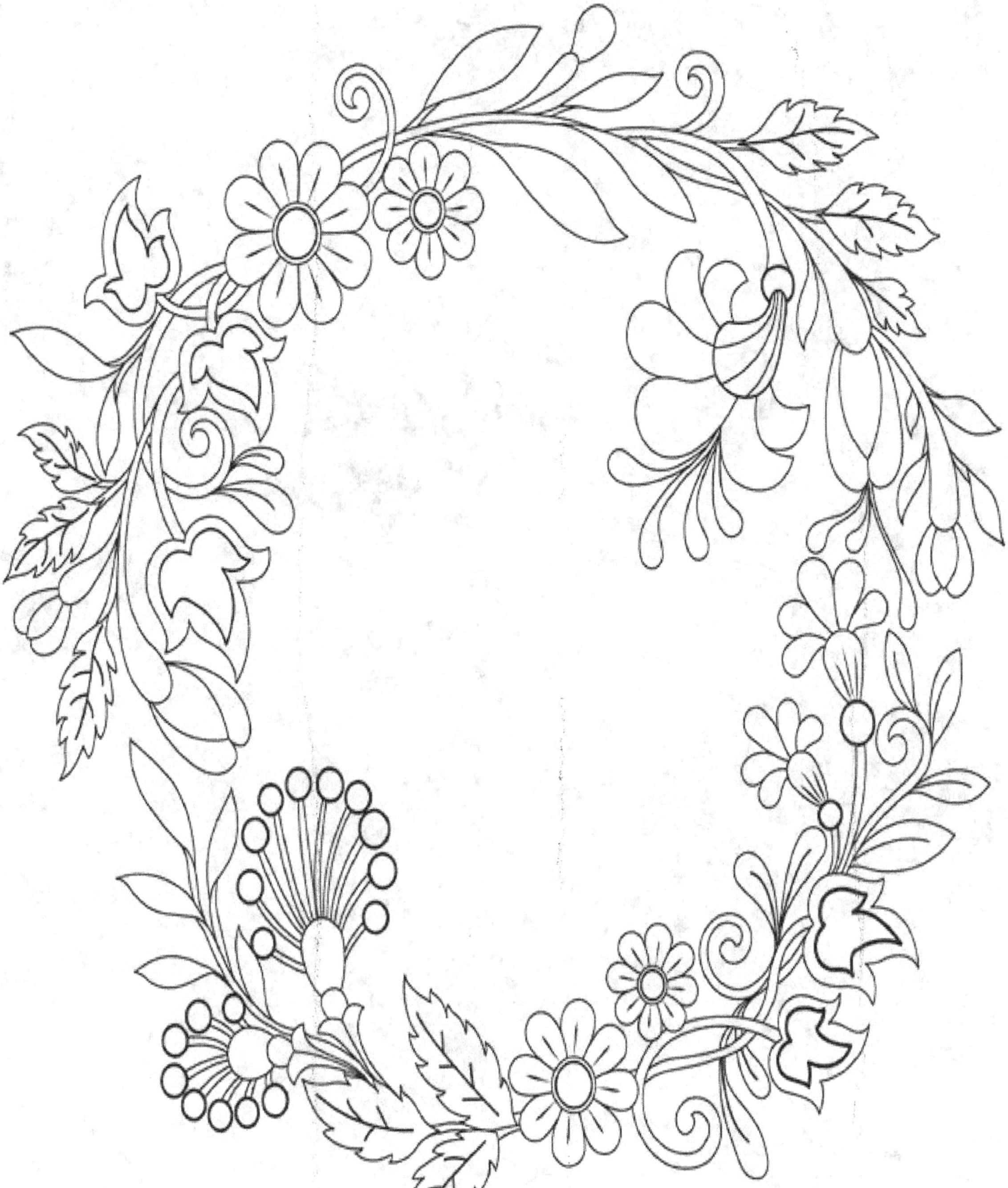

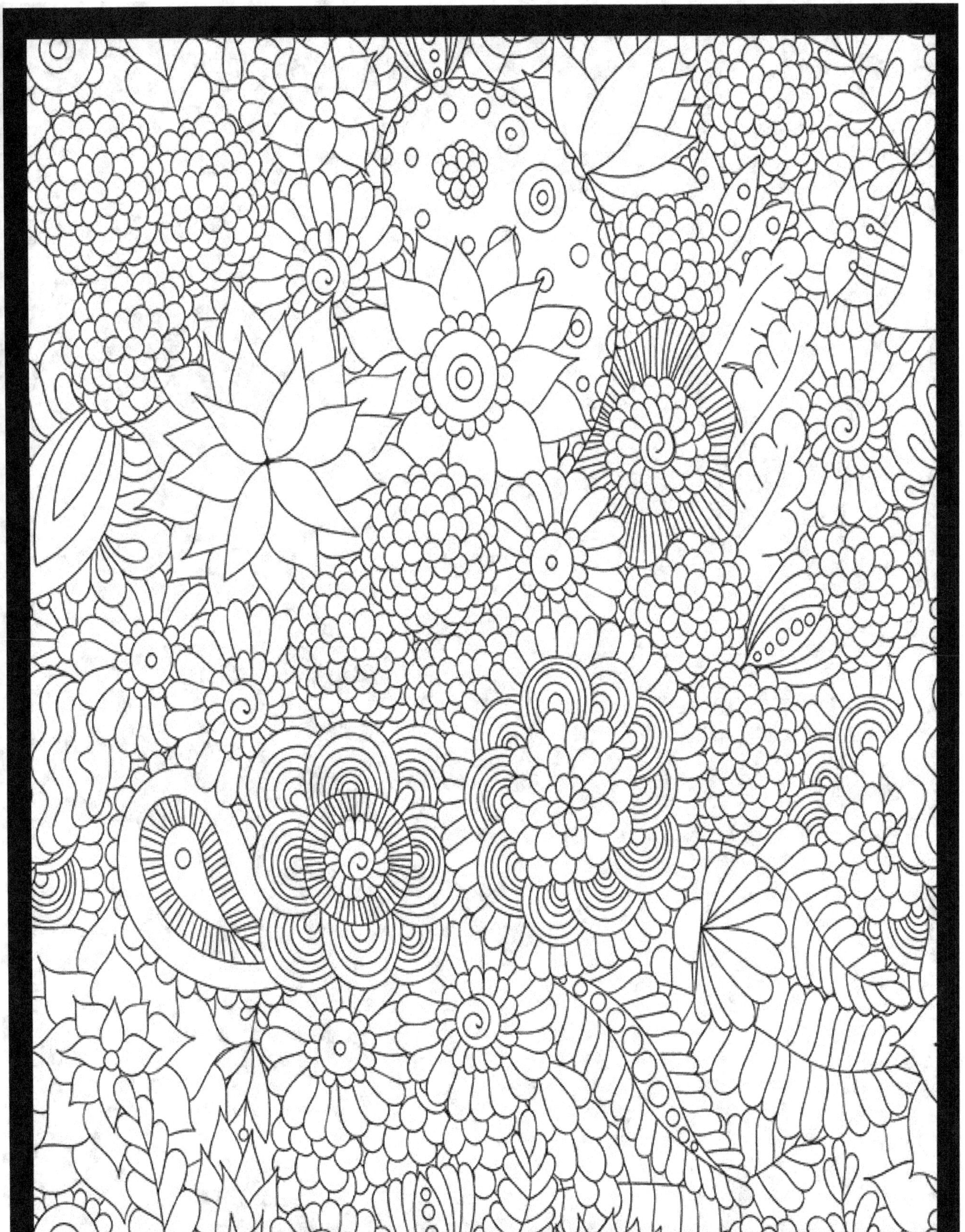

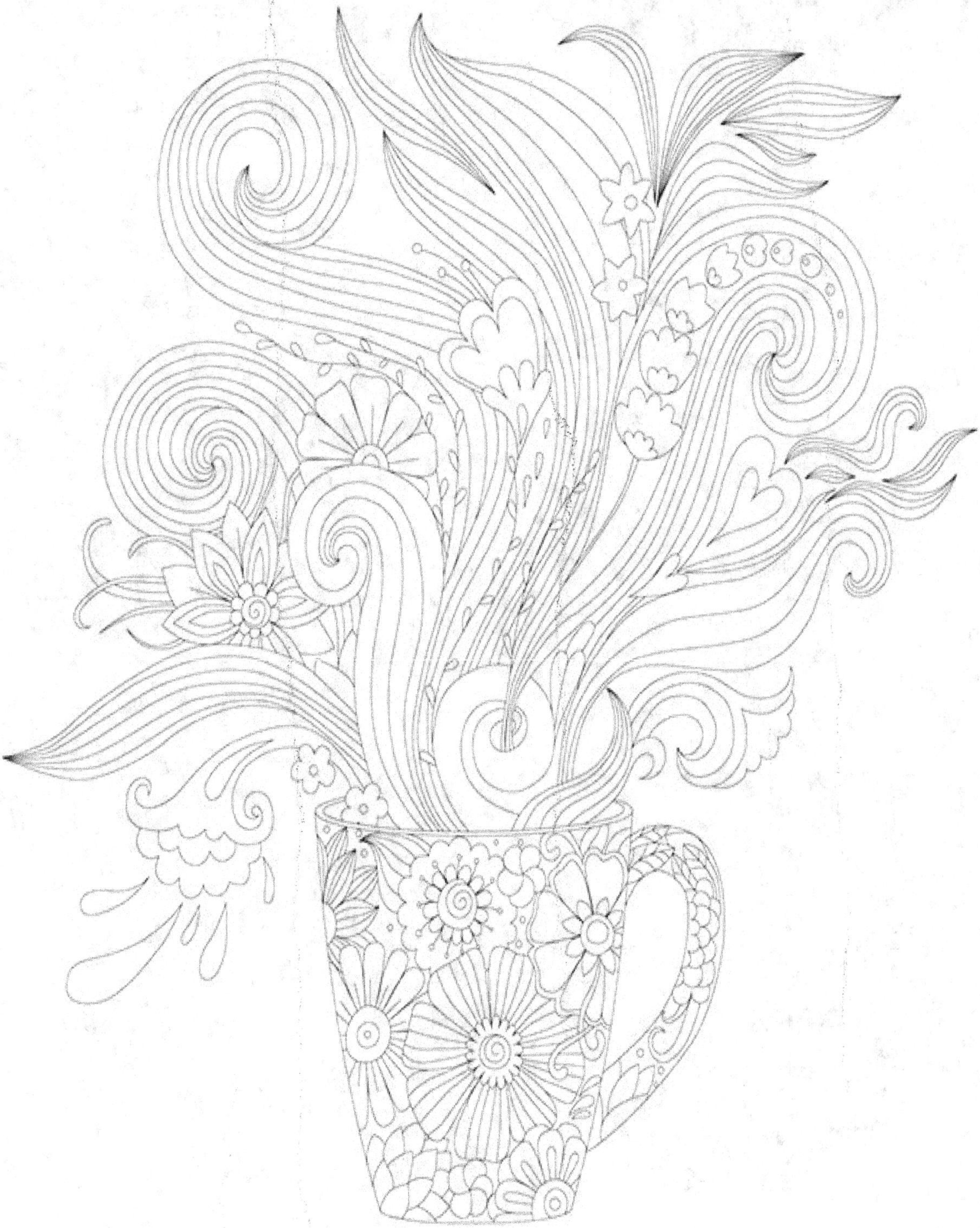

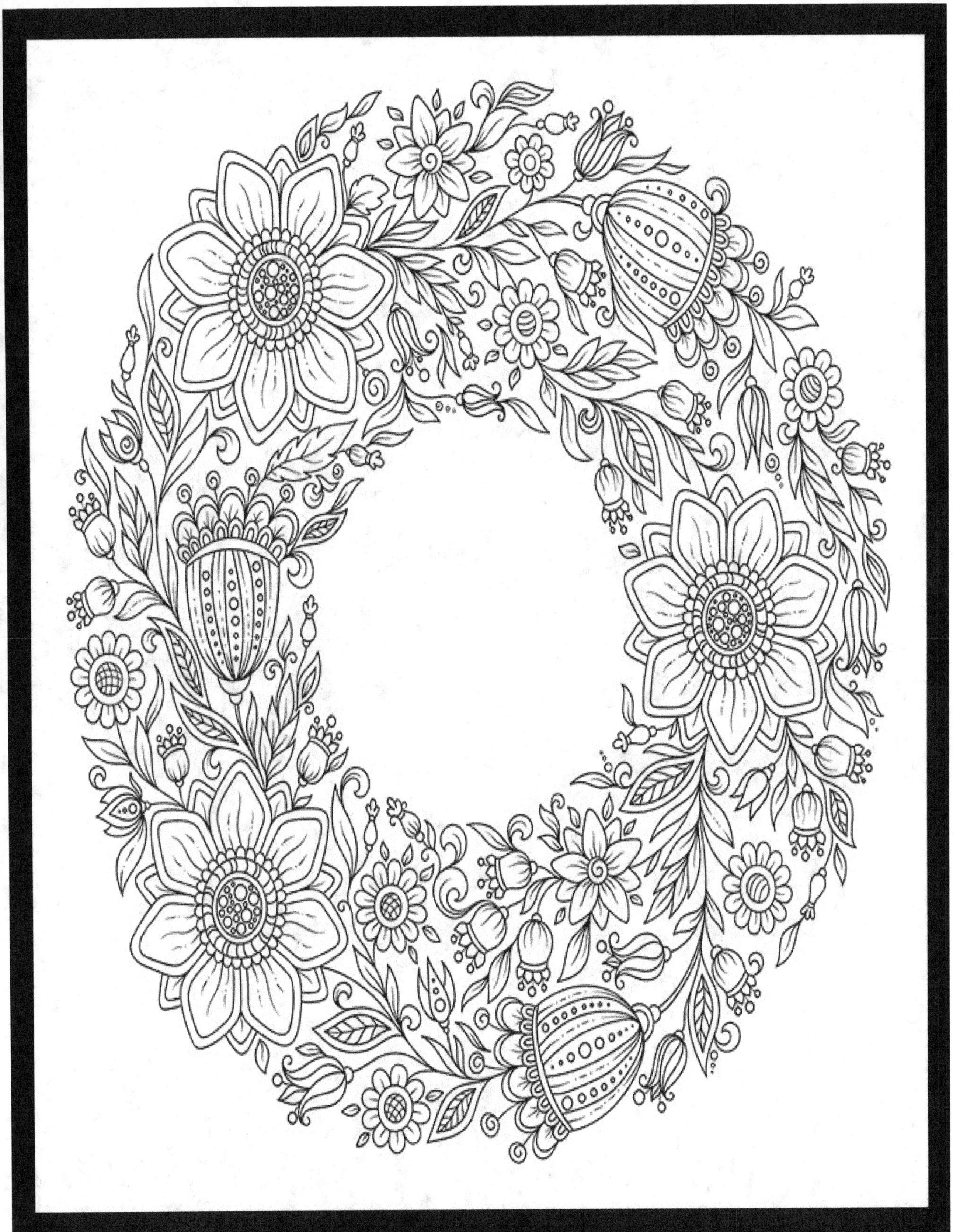

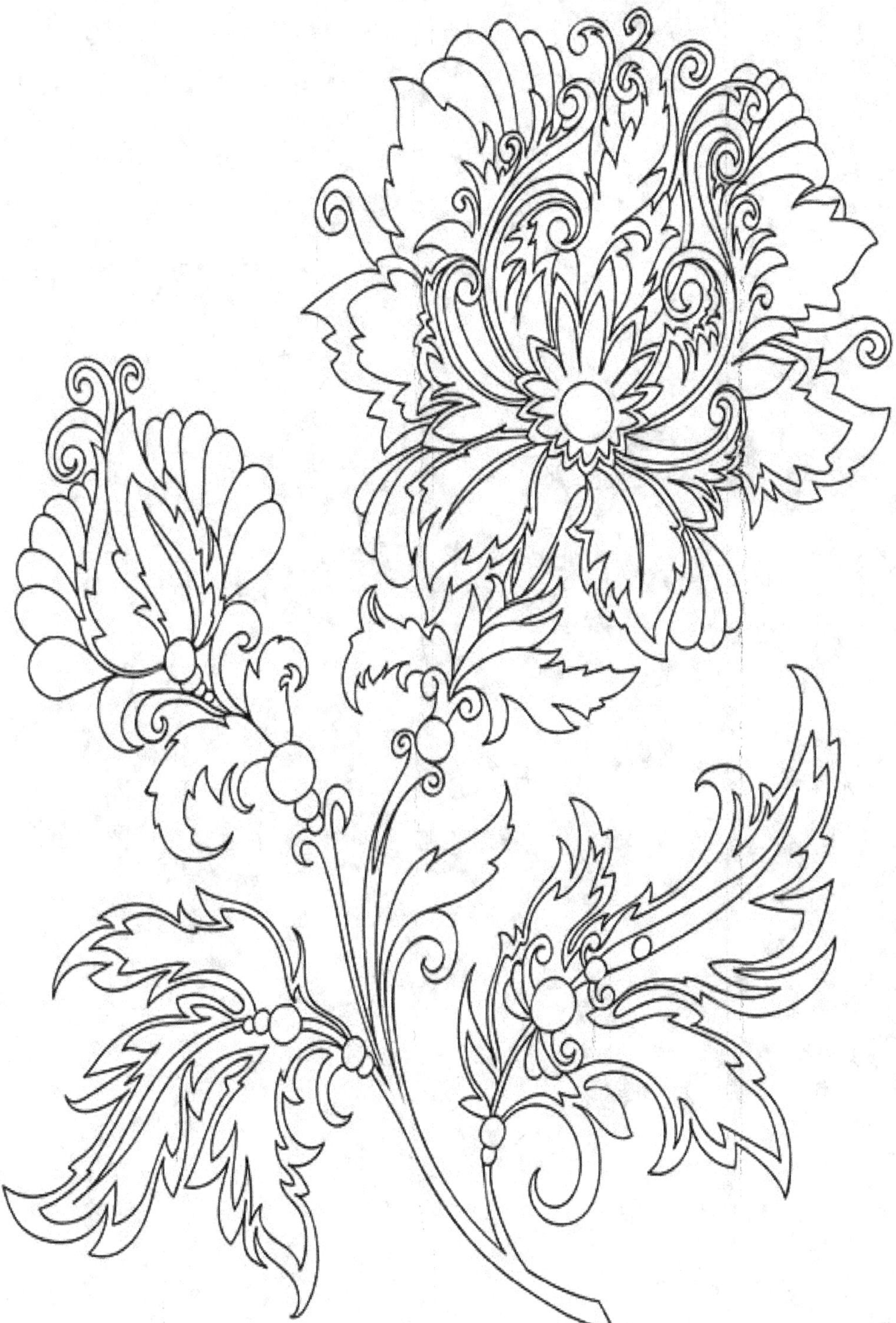

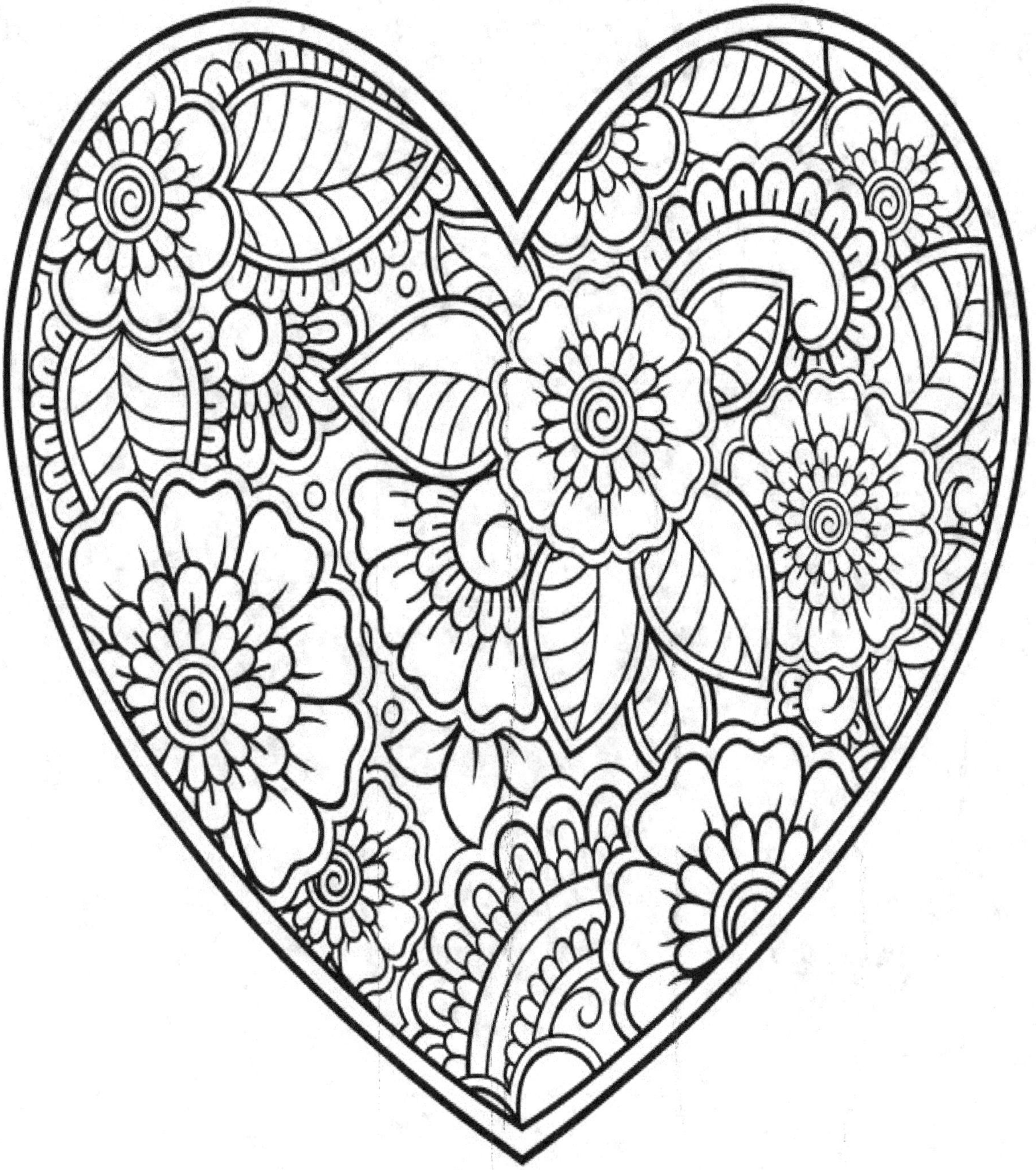

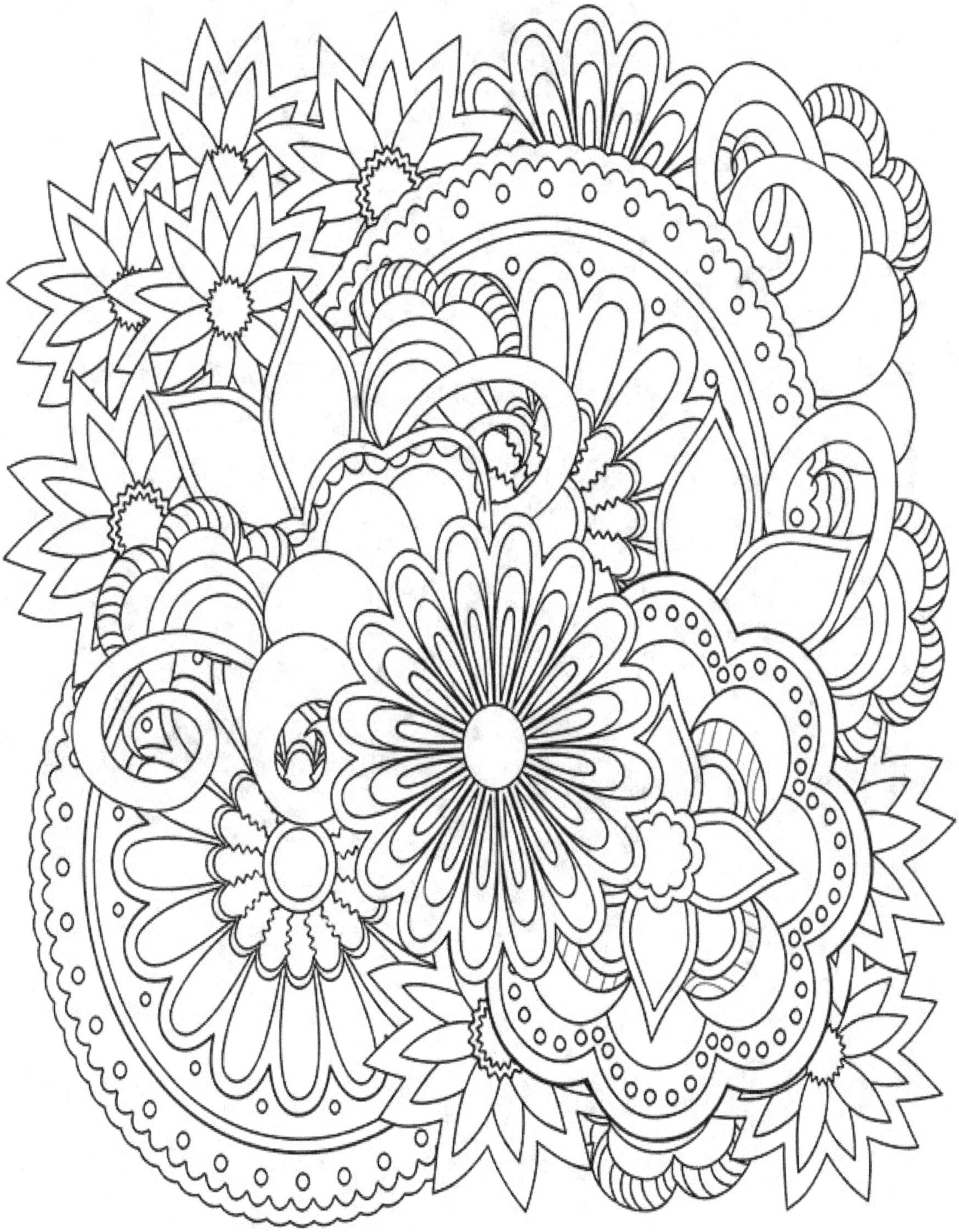

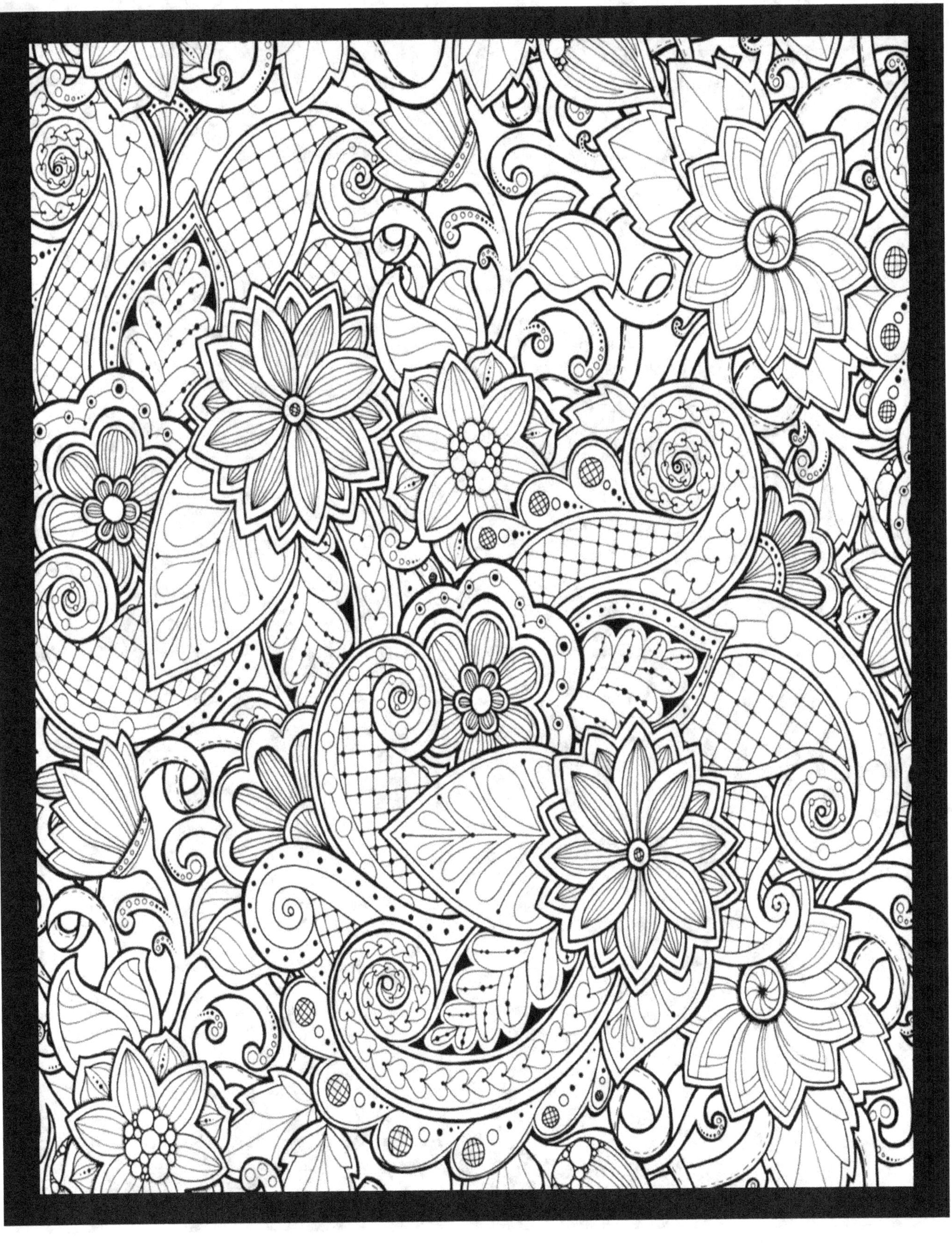

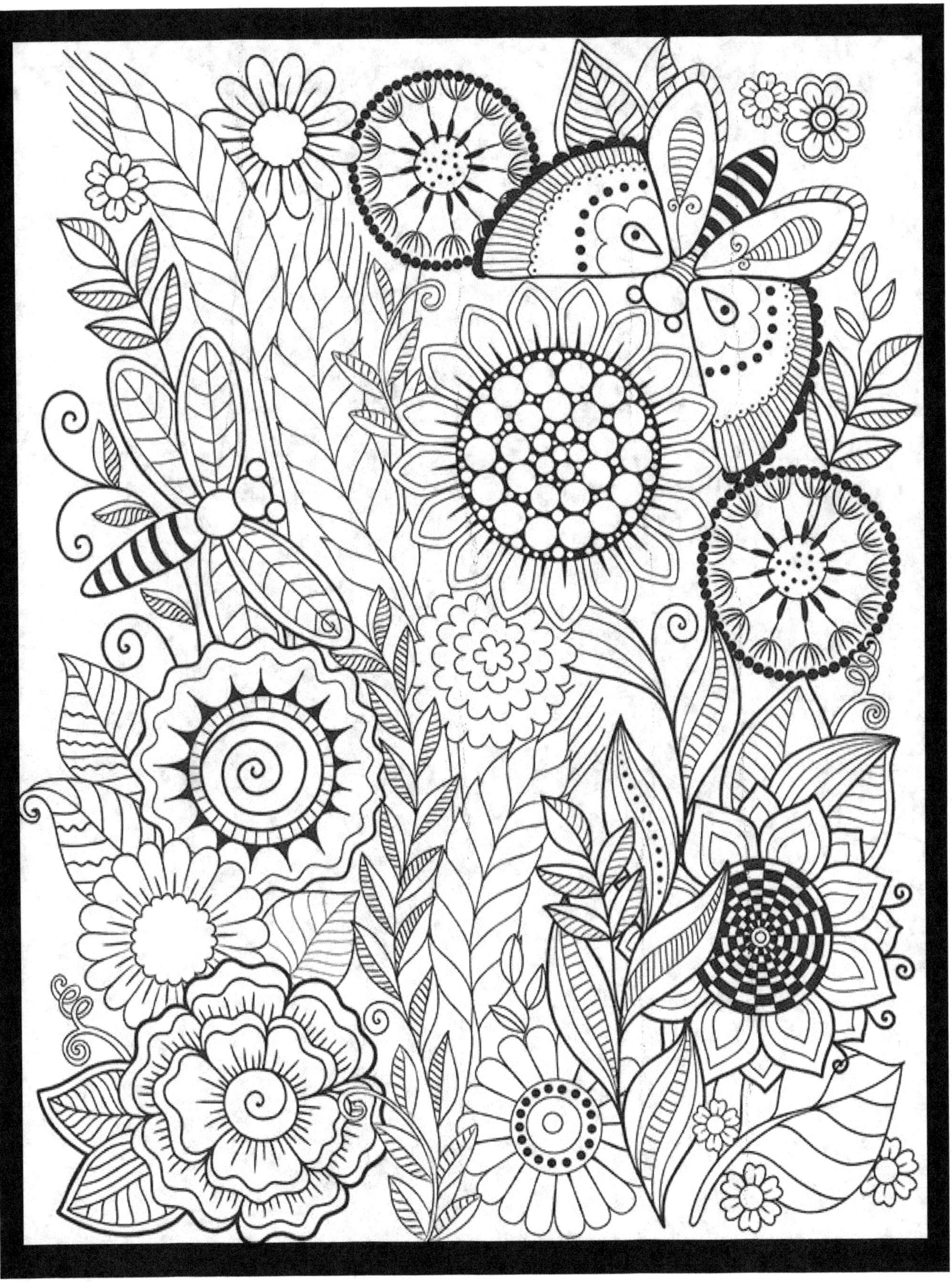

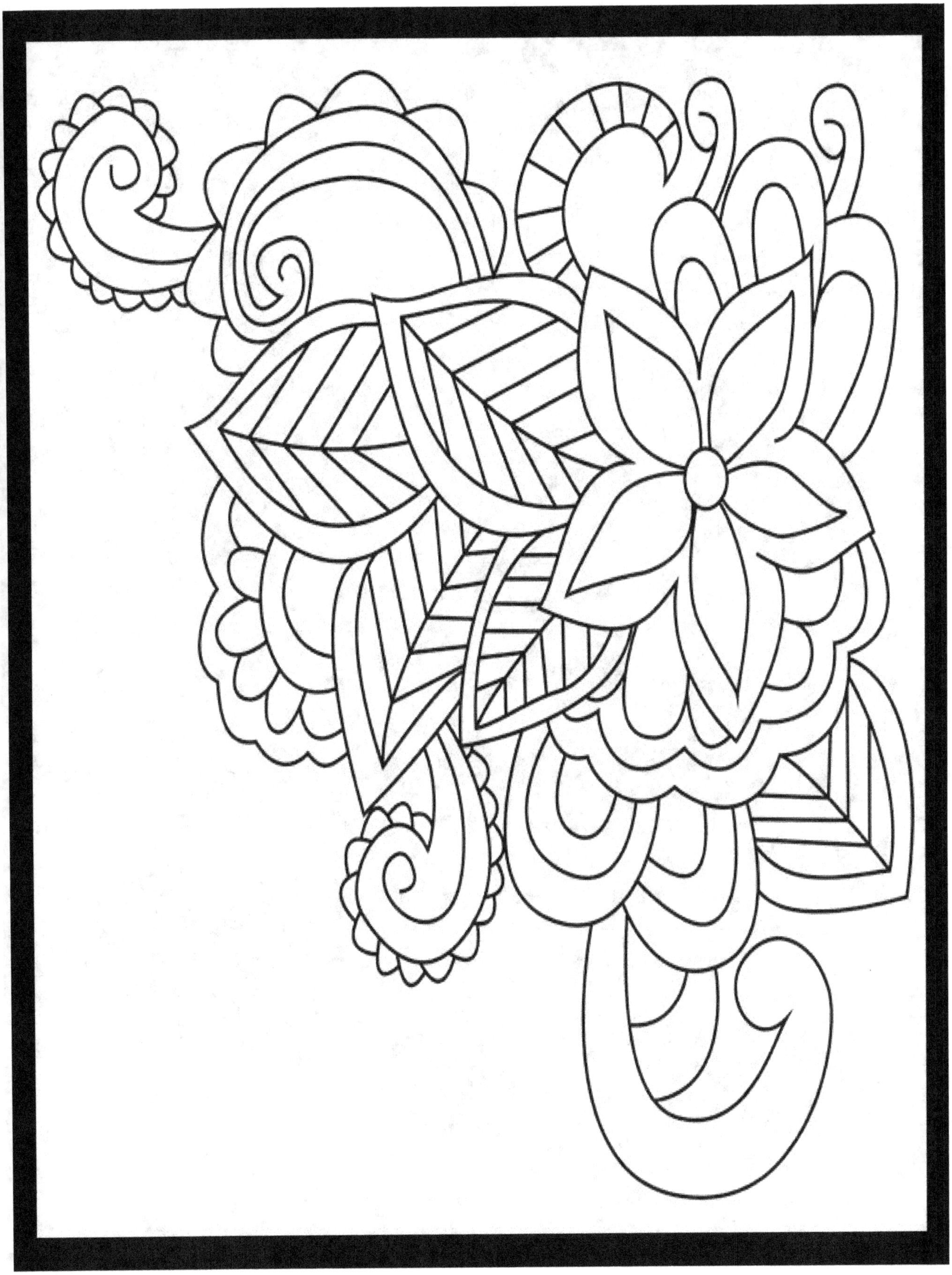

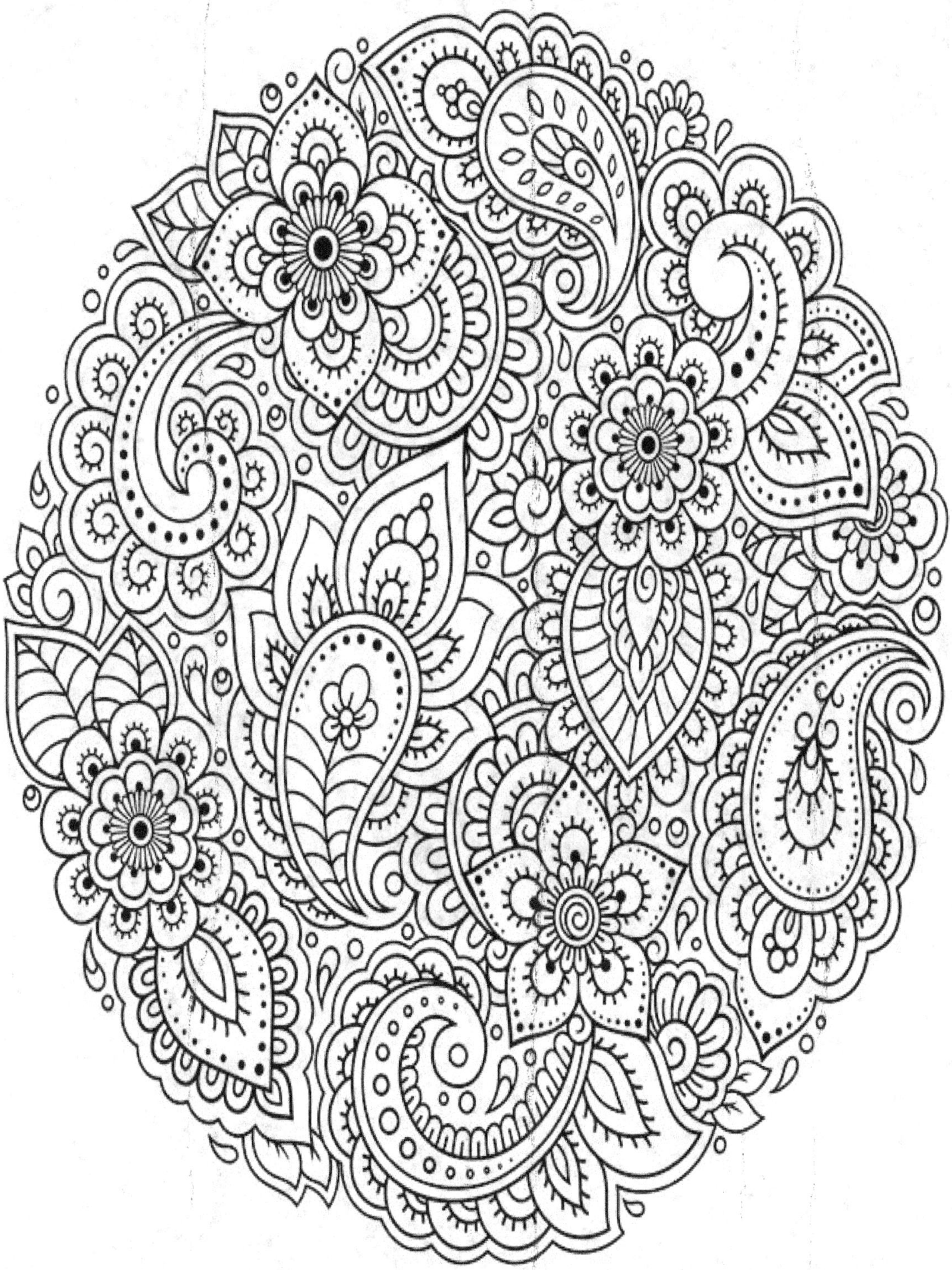

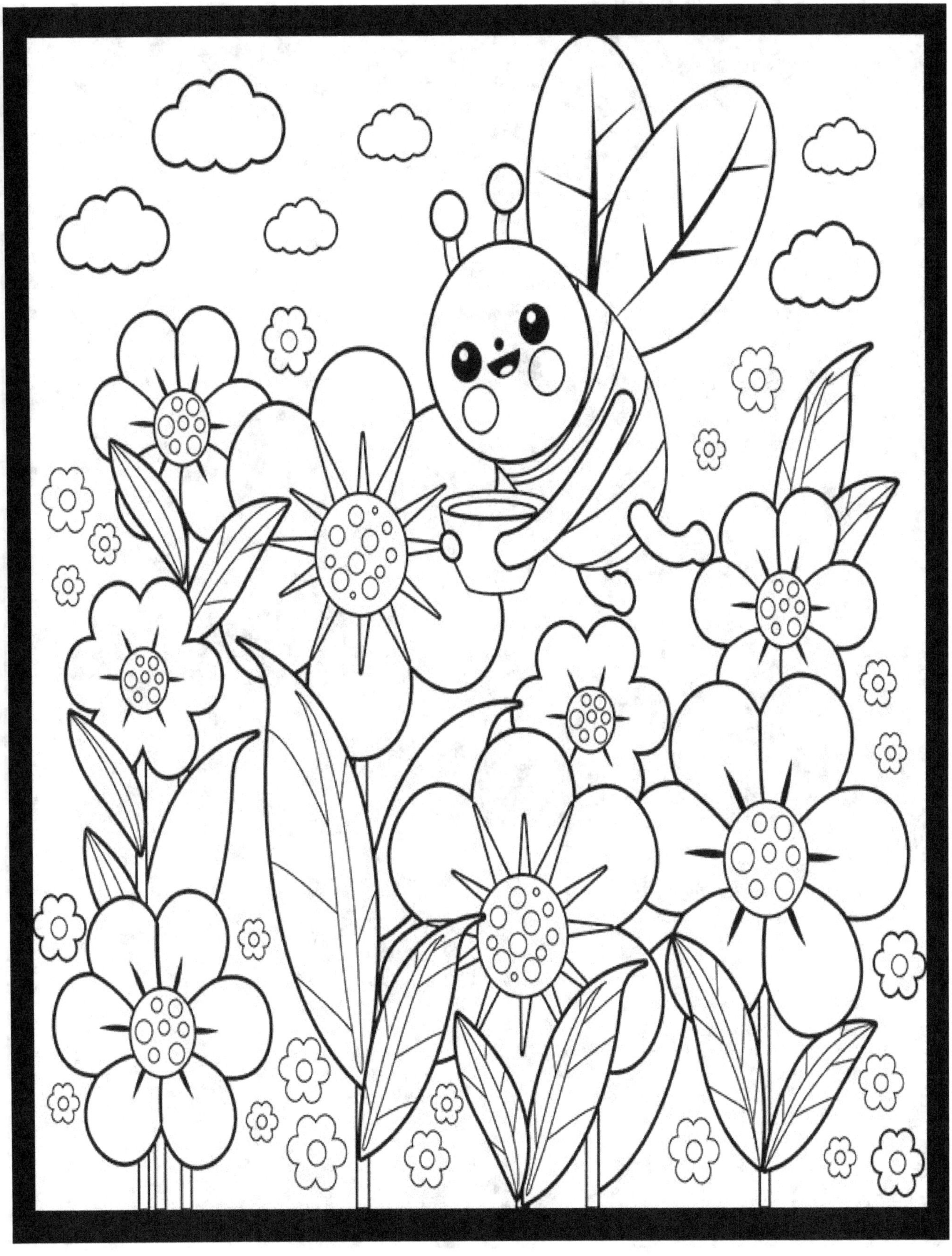

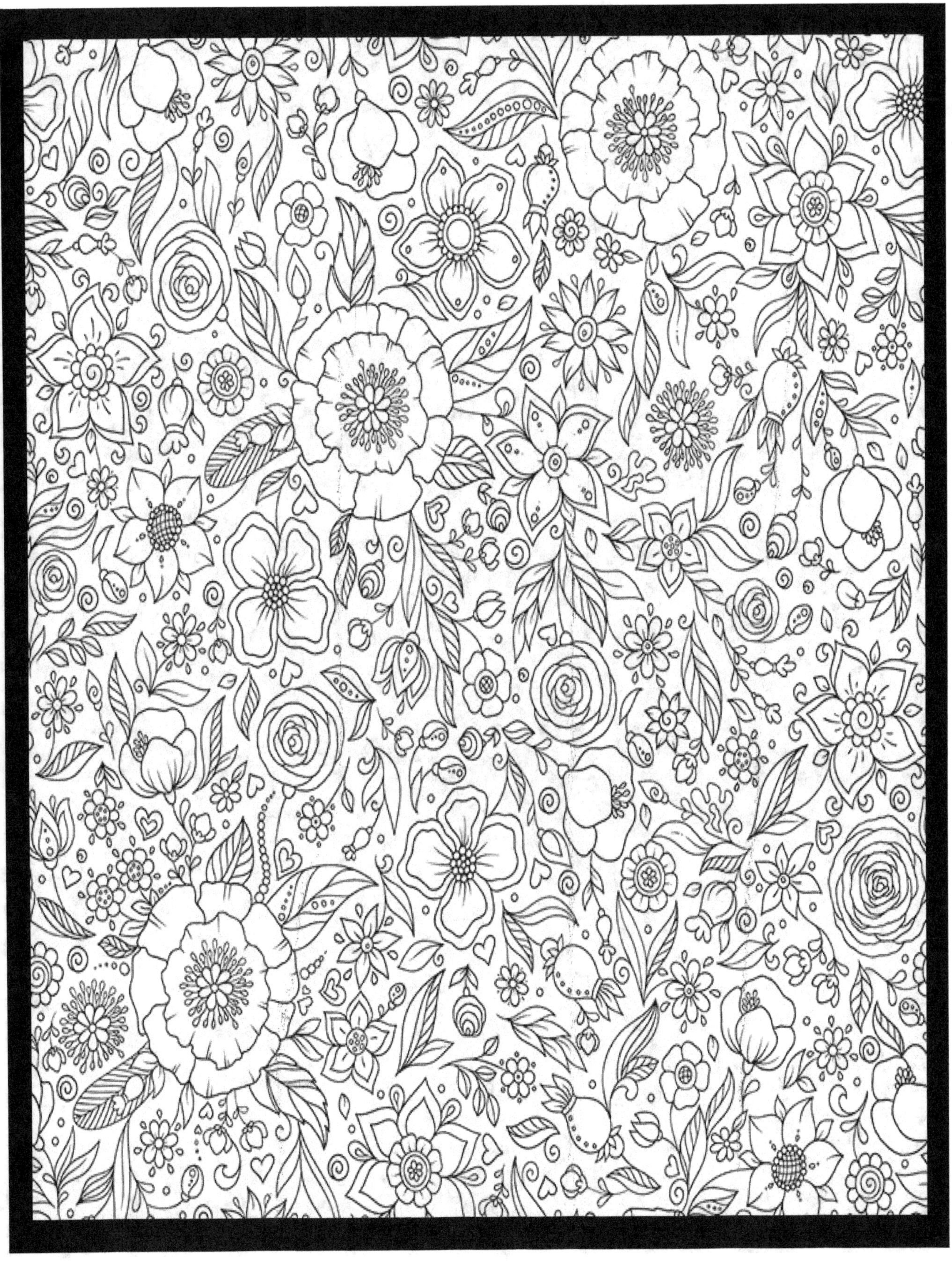

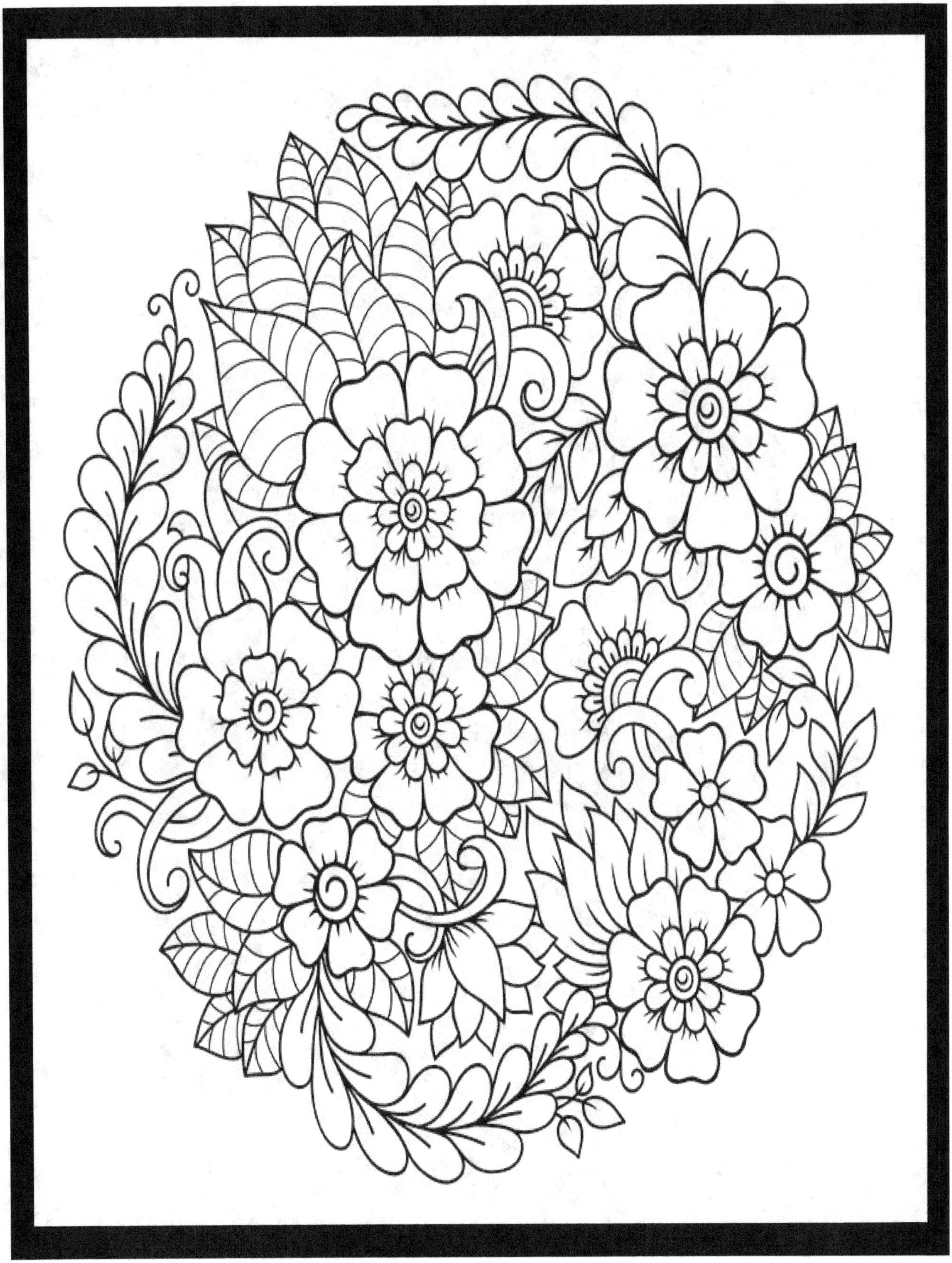

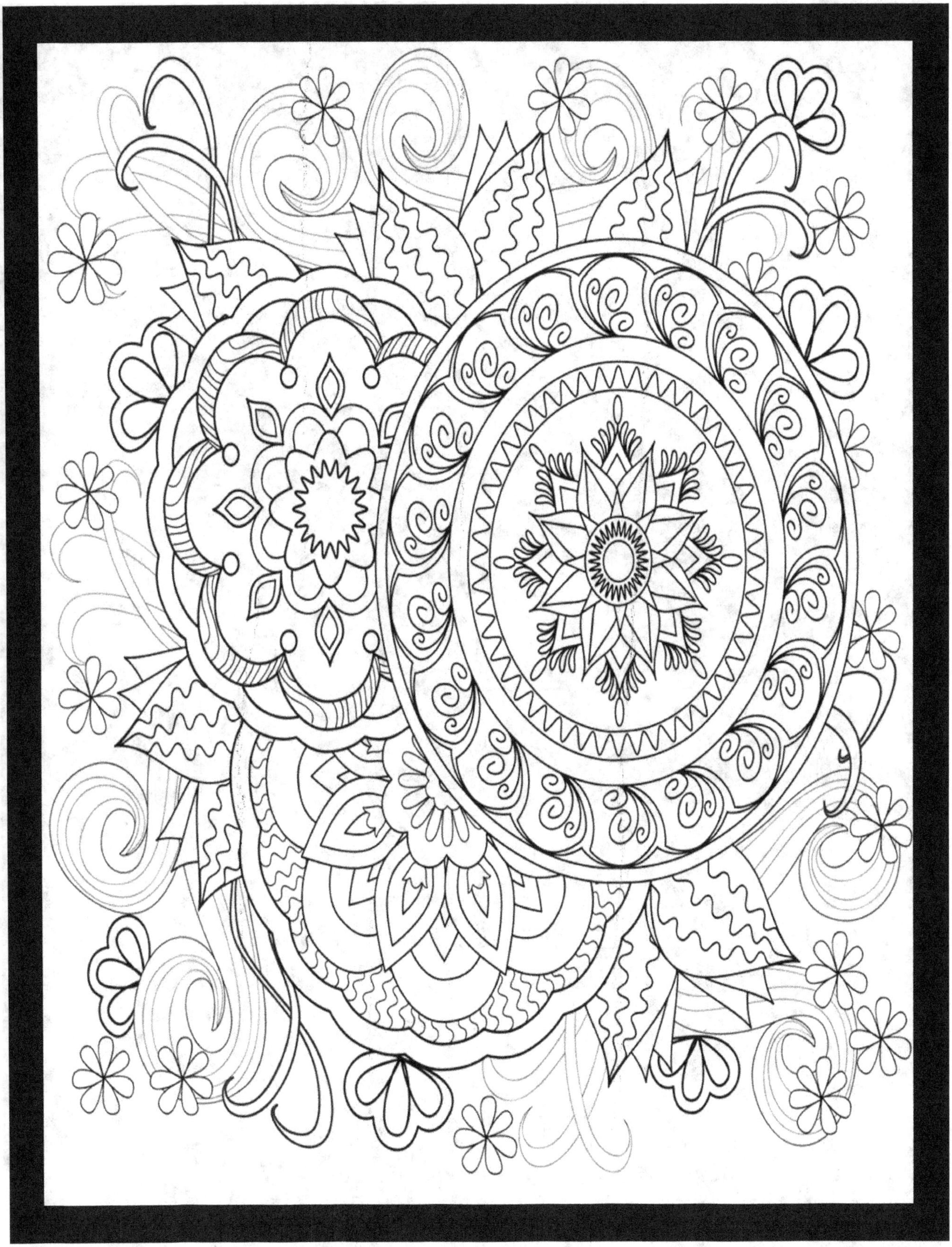

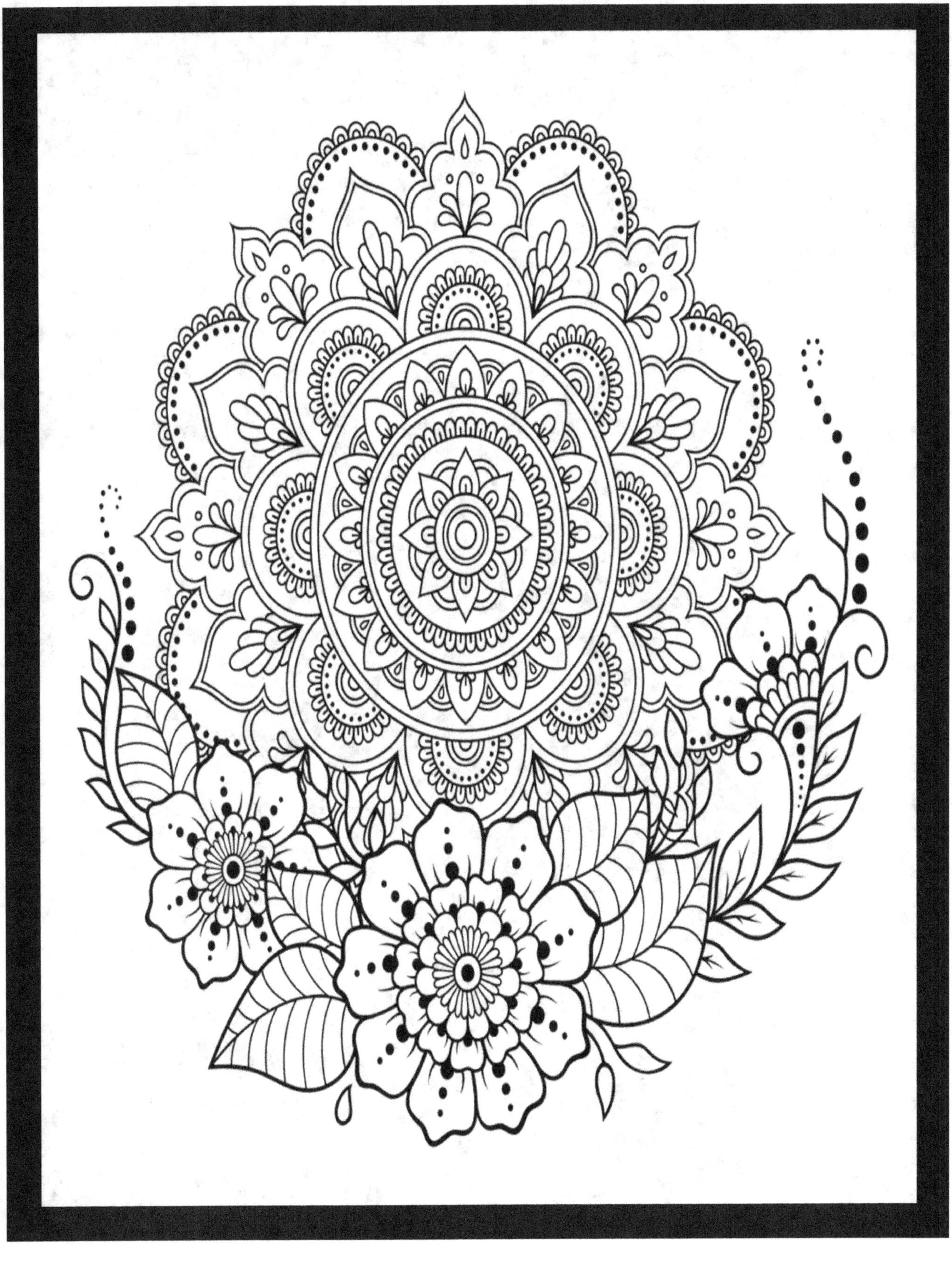

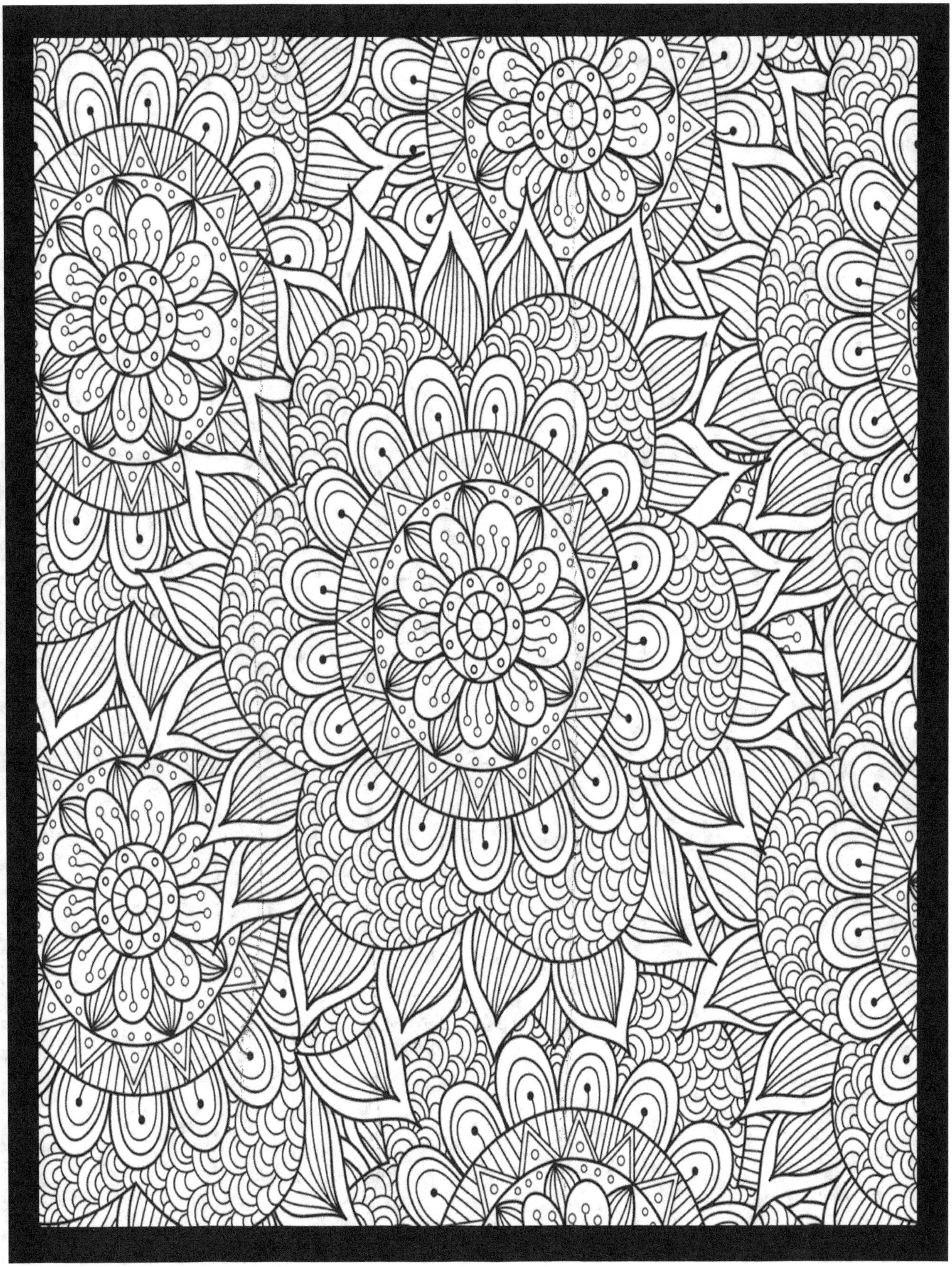

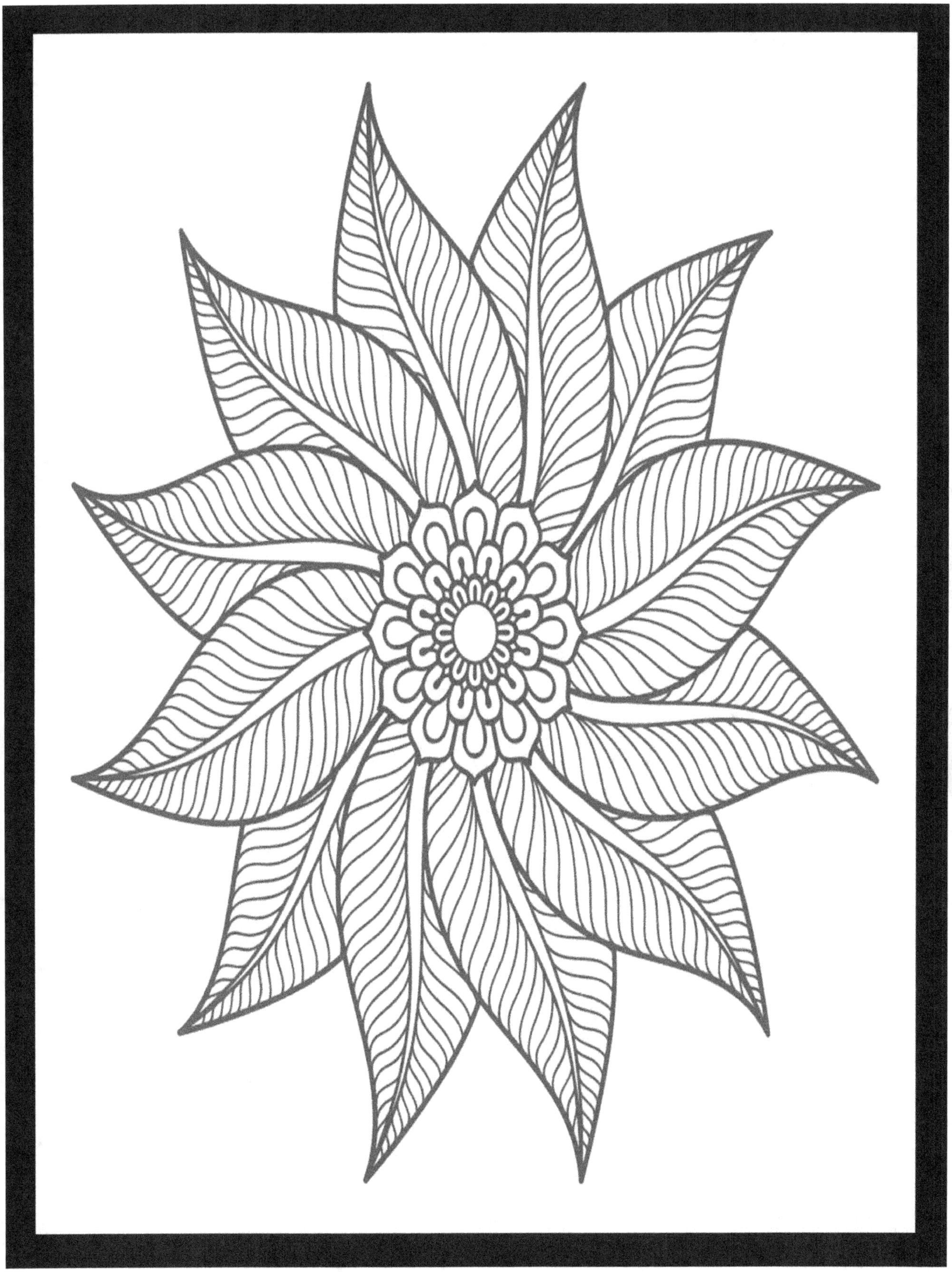

www.ingramcontent.com/pod-product-compliance
Lightning Source LLC
Chambersburg PA
CBHW080516220526
45465CB00006B/2502
9798655682221